U0517693

王静一　著

彩票品牌管理

CAIPIAO PINPAI GUANLI

中国财经出版传媒集团

经济科学出版社
Economic Science Press

图书在版编目（CIP）数据

彩票品牌管理 / 王静一著 . —北京：经济科学
出版社，2020.6
ISBN 978 - 7 - 5218 - 1666 - 2

Ⅰ. ①彩… Ⅱ. ①王… Ⅲ. ①彩票 - 研究 - 中国
Ⅳ. ①F726. 952

中国版本图书馆 CIP 数据核字（2020）第 110338 号

责任编辑：杜　鹏　郭　威
责任校对：齐　杰
责任印制：邱　天

彩票品牌管理
王静一　著
经济科学出版社出版、发行　新华书店经销
社址：北京市海淀区阜成路甲 28 号　邮编：100142
编辑部电话：010 - 88191441　发行部电话：010 - 88191522
网址：www. esp. com. cn
电子邮箱：esp_bj@ 163. com
天猫网店：经济科学出版社旗舰店
网址：http：// jjkxcbs. tmall. com
固安华明印业有限公司印装
710 × 1000　16 开　13. 25 印张　200000 字
2020 年 6 月第 1 版　2020 年 6 月第 1 次印刷
ISBN 978 - 7 - 5218 - 1666 - 2　定价：59. 00 元
（图书出现印装问题，本社负责调换。电话：010 - 88191510）
（版权所有　侵权必究　打击盗版　举报热线：010 - 88191661
QQ：2242791300　营销中心电话：010 - 88191537
电子邮箱：dbts@ esp. com. cn）

前　言

　　中国彩票已走过 30 多年的发展历程。在 20 世纪 80 年代中期，随着改革开放的逐步深入，我国开始尝试发行彩票为社会公益事业筹集资金。1987 年，中共中央批准民政部成立中国社会福利有奖募捐委员会，发行福利彩票，当时被称为"中国社会福利有奖募捐券"。1994 年，国务院批准原国家体委发行体育彩票。自此，中国彩票开启了从无到有、从小到大的发展历程，并在世界彩票市场中占据重要份额。2019 年 1～12 月，全国共销售彩票 4220.53 亿元人民币。其中，福利彩票机构销售额为 1912.38 亿元；体育彩票机构销售额为 2308.15 亿元。中国彩票市场规模已稳居世界第二位，仅次于美国。截至 2020 年 5 月 21 日，中国体育彩票累计筹集公益金 5263.02 亿元，本年度已筹集公益金 116.61 亿元，自发行至 2019 年 12 月 31 日，全国累计销售福利彩票 22109.64 亿元，筹集公益金 6568.65 亿元，直接和间接惠及数亿人次，创造税收数百亿元，创造就业岗位 40 多万个。①

　　从全球来看，彩票市场快速发展的同时，各个国家也均面临着一些显著的压力和挑战。第一，彩票机构需要应对日益激烈的市场竞争。彩票行业自身的发展，玩法和游戏产品的不断推陈出新，都导致了内部竞争的必然升级。同时，今天各种体验消费特别是娱乐化消费产品和项目日益丰富，也会在一

---

　　① 资料来源：中国福彩官网，http：//www.cwl.gov.cn/xwzx/；中国体彩官网，www.lottery.gov.cn。

定程度上引流彩票市场的潜在消费者，造成对彩票市场的掠取。第二，彩票对年轻消费群体的吸引力不足。原有的彩票营销从产品定位和设计到营销沟通等都未能较好地洞察和满足年轻人的需求和偏好。因此，在吸引年轻消费群体以及高素质消费群体方面表现乏力。第三，如何健康可持续地发展彩票市场？彩票机构如何在促进销量和履行社会责任之间保持平衡？这都要求彩票机构做出有效的改变和应对。然而，这种改变和应对必须要有科学系统的方法论的指导，并将之与彩票营销的创新实践相结合。品牌管理则为之提供了恰当的理论视角以及可操作化的工具和方法。

从 19 世纪宝洁公司创建"IVORY"产品品牌，以及 1932 年宝洁在公司内部首创品牌经理制至今，品牌管理实践和理论在西方已经经历了相当长的发展历史。20 世纪 80 年代，品牌资产概念得以提出，并经凯勒（K. Keller）和艾克（D. Aaker）等学者在 90 年代进一步的理论锤炼，逐渐形成较成熟的理论体系，并得到了全球范围内来自不同领域和行业的企业践行和检验。当然，现有的品牌管理模式并非完美无非，也不可能存在终极模式，新技术的出现、互联网和社交媒体的发展、消费者消费模式和行为特征的变化等，都将推动品牌管理理论的不断演进。然而，其已有的基本理念和理论框架却具有较强的生命力和启示意义，值得不同行业和组织去参考借鉴。

中国品牌管理在理论和实践上都相对滞后，但改革开放所带来的生机勃勃的市场推动力以及全球化浪潮所带给中国企业巨大的机遇与挑战都极大地加快了中国企业学习品牌管理理论和创新品牌管理实践的进程。品牌战略对于企业和组织发展的重要性日益成为共识。从 2017 年开始，国务院将每年 5 月 10 日设立为中国品牌日，可作为品牌管理理论对产业和企业竞争力发展实践具有指导意义的一个有力佐证。

基于战略品牌管理视角，中国彩票业的发展也必将从中受益。对于前述的三个挑战：如何面对激烈的市场竞争，如何去吸引新的年轻消费群体，乃至如何实现彩票机构和游戏品牌的长期管理和可持续发展，品牌管理能够有效地帮助我们寻找答案。目前，在中国以及世界其他很多彩票发展经验丰富的国家，包括美国、法国、英国、西班牙等，都在彩票营销和管理实践中开始频繁使用和强化"品牌"这个概念。

然而，既有的品牌管理理论虽然具有一般性，却不能将其简单地照搬到彩票行业中来，特别是考虑到彩票和彩票行业的特殊性，彩票品牌管理的内涵、重点以及策略、方法等都有其独特性。遗憾的是，此前尚无专业的著述。本书的定位恰恰着眼于此。

本书沿用了品牌管理理论的基本脉络，围绕彩票品牌资产这一核心，从彩票品牌生命周期的不同阶段出发，就彩票品牌资产的创建（初期）、强化与提升（成长和发展期）以及长期管理（成熟期及以后）等不同阶段品牌管理的重点理论展开论述，并紧密结合彩票市场实践的最新案例和发展趋势进行探讨，努力实现理论与实践的紧密对接。本书也并不局限于中国彩票市场，而是着眼于全球彩票市场，唯有如此，才能为中国彩票品牌的创新实践提供更为客观全面的参考系和更为丰富的创新源泉。

最后，特别感谢广东财经大学彩票研究中心胡穗华博士对本书给予的支持和建议。

感谢家人的爱和理解。

王静一

2020 年 6 月 18 日于广州

Contents

目录

第 I 篇　彩票品牌管理的战略视角

第 1 章
彩票品牌和彩票品牌管理

1.1　品牌和彩票品牌

彩票品牌和彩票品牌管理均以一般意义的品牌理论为基础。因此，在讨论彩票品牌之前，我们先对一般意义的品牌概念进行探讨。

1.1.1　品牌的概念

人类的品牌活动源于远古时代，那时农夫通过对其牲畜刻下印记的办法，来识别各自所拥有的牲畜，便于市场交换。因而，品牌（brand）一词源于古斯堪的纳威亚语"brandr"，意思是"燃烧"。它曾经是现在依然是牲畜所有者用以识别其牲畜的工具。

根据美国市场营销协会（AMA）的定义，品牌（brand）是一个"名称、专有名词、标记、符号或设计，或是上述元素的组合，用于识别一个销售商或销售商群体的商品与服务，并且使它们与其竞争者的商品与服务区分开来"。因此，从理论上说，只要营销者创造了一个新的名称、标识或者新的产品符号，也就创造了一个品牌。

1.1.2 品牌与产品的关系

产品（product）是市场上任何可以满足某种消费需求和欲望的东西，开始主要指有形产品，后来扩展到无形服务、零售商、非营利组织、地区或观念等。关于品牌和产品的关系，可以说，产品是品牌赖以存在的基础，产品是品牌的载体，但品牌的含义更为广泛（王海忠，2014）。两者的关系和区别具体可从以下几个方面来进行理解。

1.1.2.1 产品强调功能属性，品牌暗含内涵、感觉和象征意义

产品一词在营销学意义上，给人传递的第一印象是"功能属性"或"功能利益"，产品暗含以功能属性满足顾客需求的"实物"。比如，洗发水可以让人的头发洁净，汽车可以帮助人们在现代社会实现交通功能。品牌则不同，除了将功能属性视为基础与必需之外，更强调产品的内涵、价值观、感觉和象征意义。比如，海飞丝洗发水宣称自己是"去屑实力派"，就是更加生动地强调品牌的内涵和价值。同样是汽车，奔驰强调乘坐的"舒适安全"，而宝马则成功地强化了"驾驶乐趣"，两个品牌传递的感觉和象征意义存在明显差异。

1.1.2.2 品牌使产品具有人的特征

品牌具有拟人化的功能，它使要营销的产品具有人的某些特征。所以，品牌使产品"活了"起来。比如，威猛先生是美国庄臣公司（SC Johnson Wax）旗下的品牌，它通过拟人化的命名策略和虚拟代言人的塑造，成功地打造了专业强劲的家居清洁品牌形象。品牌能够赋予"物"以人的灵性，这是仅凭产品概念无法做到的。

1.1.2.3 品牌给产品增加了附加值

产品因为有了品牌名而带给用户心理上的满足，包括信任、情感、象征性和预期体验等，这就超越了仅符合功能性要求这一基本标准。品牌给产品带来了附加价值。同样是一家工厂生产的运动鞋，贴上"Nike"标识与贴上不知名的标识相比较，消费者的感知价值、愿意支付的价格都会有很大的差异。强势品牌能够带来更高的溢价。

1.2 品牌为什么重要

品牌为什么重要？对于这个问题我们可以从品牌对消费者和对公司两个层面来理解。

1.2.1 品牌对消费者的重要性

对于消费者来说，品牌具有重要的作用和特殊的意义。

1.2.1.1 品牌帮助消费者明确区分不同供应商的产品

品牌指明了产品的来源或生产商，使消费者能明确辨识具体生产商或经销商。这让消费者的选择变得更加便利。

1.2.1.2 品牌能有效地帮助消费者简化决策

基于对产品的既有体验，以及长期的购买经验，消费者知道哪些品牌能满足他们的需求，哪些品牌不能。因此，品牌成为顾客简化购买决策的捷径。

如果消费者知道某个品牌，并且对它有一定了解，那么在他们选择产品时就不必再多做思考或分析有关信息。所以，从经济学的角度来看，品牌在两方面降低了顾客搜寻产品的成本：内在方面，顾客不必过多思考；外在方面，顾客无须到处搜寻。在对品牌既有的了解基础上（包括产品质量、产品属性等)，消费者可以对有关此品牌他们可能不了解的方面做出推断，形成期望。这些可以有效简化消费者决策过程，并降低消费者感知风险。

1.2.1.3　品牌是消费者表达和构建自我的重要载体和途径

品牌所具有的意义非常深远。如果品牌能通过优质稳定的产品、合理的定价、好的分销渠道设计以及有吸引力的促销方案为消费者提供效用，消费者继续购买甚至影响他人购买的可能性就大大增加。

不仅是在功能性利益方面。尤为重要的是，品牌还具有象征价值，能让消费者从中投射自我形象。当品牌与某些特定类型的人格特质联系在一起时，便能反映不同的价值观或内涵。消费这一品牌是消费者与他人甚至是与自己进行沟通和交流的一种手段——他们是什么类型的人或他们想成为哪种类型的人。这对于彩票品牌来讲尤其具有启发意义。比如当彩票品牌想要吸引中高收入和教育程度的消费者时，就要思考彩票品牌的形象与这些人群的自我定位是否一致，如何能让他们认同？

一些品牌学者认为，对某些人而言，有些品牌甚至能起到宗教性的作用，并有益于强化其自我价值。同时，强大的品牌文化影响深远，并可以在消费者文化和品牌之间代际传承。

1.2.2　品牌对公司的重要性

对于公司来说，品牌的意义重大。

1.2.2.1　品牌对公司具有基本的区分和保护的作用

品牌对公司最根本的作用是起到了区分，使处理产品或溯源公司更加简便。品牌还有助于建立和组织库存及会计记录。品牌也能使公司对其产品的独特性能或其独到之处申请法律保护。品牌享有知识产权，这使得品牌拥有者具有相应的法律权利。公司通过商标注册可以保护品牌，通过专利可以保护生产工艺流程，通过版权和设计可以保护包装。这些知识产权保证公司可以安全可靠地投资于其品牌建设和培育，并从品牌资产中获得回报。

1.2.2.2　公司可以通过品牌收获顾客忠诚

对品牌进行投资可以赋予其以独特的联想和含义，从而使之与其他同类产品区别开来。品牌能释放高质量产品的信息，降低消费者分辨和选择的难度，促进重复购买，提升品牌忠诚。这种品牌忠诚能帮助公司在一定程度上构建起安全壁垒，从而使其他公司难以进入相应的市场。

尽管产品生产的工艺流程以及产品设计极易被模仿，但多年的营销活动以及使用产品的经验在消费者心中所留下的持久印象是难以复制的。例如，华为、小米、农夫山泉等品牌，是伴随着消费者成长起来的。从这个意义上讲，树立品牌实际上是一种确保竞争优势的有力手段。

1.2.2.3　品牌为公司带来财务收益

对于公司来说，品牌代表了一份有价值的合法资产。该资产能够影响消费者的行为，能够进行买卖交易，还能够为未来稳定的收益提供安全保障。多数公司品牌交易中的价格溢价都是基于品牌能够持续带来额外利润。对于一个典型的快速消费品公司而言，公司的绝大部分价值来自无形资产和商誉。当然，要培育这种品牌资产，需要付出巨大的成本甚至要经历很多磨难。

1.3　彩票可以品牌化吗

1.3.1　一般产品如何品牌化

要回答彩票品牌化的问题，必须先明白，一般意义上的品牌是如何建立的？如何将一种产品品牌化？尽管公司的营销和其他活动为品牌的产生提供了原动力，但最终品牌是在消费者心目中安家落户的东西。品牌是一个认知的实体，它源自现实，同时也反映了消费者的认知，甚至反映了消费者的特质。

达特茅斯商学院的凯文·凯勒（Kevin Keller，2006）教授指出，要将一种产品品牌化，就必须告诉消费者这个产品是"谁"，给产品取一个名字，并利用其他品牌元素帮助人们识别它，告诉消费者产品是做什么的，消费者为什么应该注意它。换句话说，要将一种产品或服务品牌化，就必须向消费者提供产品的一个标签，告诉消费者如何识别这个产品；还要传达这个品牌的意义，告诉消费者，这个特别的产品能为你做些什么，它为何特殊，为何与其他品牌的产品有所不同。

品牌化是一个涉及建立思维结构和帮助消费者建立起对产品或服务认知的过程。这个过程可以帮助消费者明确自己的决策，同时为公司创造价值。品牌化过程的关键是要让消费者认识到品类中不同品牌之间的差异。品牌间的差异可以与品牌自身的属性或利益相关，或者与无形的形象因素相关。

1.3.2 彩票产品的特殊性与一般性

我们知道了一般的产品创建品牌，需要赋予它一定的信息或内涵，并告之消费者。那么，彩票与一般的产品有何异同？只有对其本质有深入的理解，才能更好地回答彩票能否品牌化的问题。

1.3.2.1 彩票产品的特殊性

彩票是一种特殊的商品，知名度极高，但人们赋予它的含义众说纷纭。英国《不列颠全书》认为它是"通过抽签抽彩，凭机会在一定范围的人群分配奖品或奖金"；泰国国家彩票局则解释为"为国家的发展筹集资金，是授权于政府，没有任何欺骗民众的行为，为民众提供一种博运道的消遣机会"。

中国人民银行在《关于加强彩票市场管理的紧急通知》中对彩票的表述是："彩票是指印有号码、图形或文字供人们填写、选择、购买并按特定规则取得中奖权利的凭证。"它是一种建立在机会均等基础上的公平竞争的娱乐性游戏。我国财政部在《彩票发行与销售管理暂行规定》中认为"彩票是国家为支持社会公益事业而特许专门机构垄断发行，供人们自愿选择和购买，并按照事前公布的规则取得中奖权利的有价凭证"。

在此基础上，胡穗华等人（2009）指出，彩票具有以下四个方面的含义。

（1）政策性。彩票发行的主体是国家（政府），它是一种政府行为，且在政府的监督管理下垄断发行与运作，我国由财政部代表国家执行彩票的监督管理职能。

（2）社会公益性。彩票发行的目的是支持社会公益事业，彩票被人们普遍认可的重要条件就是它的公益性。事实上，早在 2006 年底，我国仅体育彩票公益金在我国社会保障基金的占比已经达到 8.8%。所以，不管人们对彩票的含义如何解释和理解，有一点是共同的，那就是：彩票必须由国家发行，筹集的资金必须用于社会公益事业。

（3）自愿性。彩票发行面对的是彩民，彩民按照事前公布的规则取得中奖权利，且遵循自愿选择和购买彩票原则。自由参与原则是彩票事业能够顺利发展的保障，在彩票面前，作为与不作为都是人的基本权利。

（4）有价证券。我国财政部提出的彩票定义明确了彩票是有价证券，从而结束了多年来人们就彩票是否属于有价证券展开的争论。

一方面，彩票是一种特殊的金融工具。同股票、债券、基金一样，发行彩票可以持续、反复地筹措社会闲散资金。但与股票、债券、基金不一样的是，彩票是不能交易或随时赎回的；彩票不反映股权关系、债权关系或委托投资关系，只反映彩民和彩票发行人之间潜在的可能的奖金分配关系；彩票对彩民的回报是建立在概率基础上的，而不是建立在经济效益上，购买彩票可能一无所获，也可能得到几倍、几十倍、几百倍甚至几千倍的回报。

另一方面，正是这样的特殊性，彩票也被看作一种特殊的商品。彩票的本质是机会，彩民购买彩票不是建立在彩票本身的使用价值上，而是建立在偶然得到财富的"机会"上，换言之，也可以认为彩票的使用价值就是偶然得到财富的"机会"。

1.3.2.2　彩票产品的一般性

尽管彩票有其种种特殊之处，但其本质上仍然是一种产品，这是无法改变的事实。如前所述，产品（product）是市场上任何可以满足某种消费需求和欲望的东西，包括有形产品、无形服务、零售商、非营利组织、地区或观念等。不论彩票的发行目标、获利方式及资金用途有多么特殊，但其本质仍然是满足不同人群以小博大、娱乐、公益等需求的产品，其营销活动同样要围绕产品、定价、渠道、促销等营销策略组合而展开，因此具有产品的一般性特征。

1.3.3 彩票品牌化的可能性和必要性

如果我们承认彩票是一种产品，那么当然可以对其进行品牌化。事实上，以中国彩票市场为例，我国有两大彩票发行机构，进而形成了中国福利彩票、中国体育彩票这两个品类，旗下分别有众多的彩票玩法，已经形成了事实上的彩票品牌家族。

（1）福利彩票。福利彩票是指自1987年以来由中国福利彩票管理中心发行的彩票。福利彩票早期有传统型彩票和即开型彩票，近年来主要有即开型彩票（如刮刮乐）、乐透型彩票（如双色球、36选5）和数字型彩票（如3D）三种，后两种均是电脑型彩票。

（2）体育彩票。体育彩票是指自1994年3月以来由中国体育彩票管理中心发行的彩票。其种类主要有即开型彩票（如顶呱刮）、乐透型彩票（如大乐透、22选5）、数字型彩票（如排列3和排列5）和竞猜型彩票（如足彩、赛事天天彩和奖牌连连猜）等，后三种均是电脑型彩票。体育彩票比福利彩票多了一种竞猜型彩票。

当然，这种分类方法仅适用于中国。

在市场运作中，刮刮乐、双色球、顶呱刮、大乐透等事实上已经成为具体的彩票玩法品牌，为广大彩民所熟悉。然而，彩票品牌化方面的工作开展得还远远不够。要将一种彩票玩法品牌化，不仅要给它取一个名字，给它一个可识别的标签，如logo；更要传递其意义和价值，如这种彩票玩法与其他玩法有何不同、为何特殊、能够为彩民带来什么价值、它应该向彩民传达什么样的内涵等。目前，我国的彩票营销在这方面做得还不是很深入，品牌管理的意识和路径还不够明晰。

当前，在美国等彩票业较发达的西方国家，彩票机构开始越来越多地提及和强调彩票品牌的概念，但对此还缺乏专门的论述，也并没有提出清晰的彩票品牌管理的框架和体系。而随着全球彩票市场的发展及其规模的快速增长，如何应用品牌战略促进彩票业的发展，势必成为重要课题。

1.4　彩票品牌发展的历史

1.4.1　中国彩票品牌发展的历史

1.4.1.1　彩票的雏形

中国最早带有彩票性质的活动始于民间，我国在南宋时期就有类似彩票形式的博彩，有人说僧人道士是彩票的发明人，也有人说元朝的蒙古人（1228 年）发明了中国的彩票，甚至有人称彩票是中国四大发明之外的第五大发明。但得到认同的说法是，1880 年前后，杭州刘学询在北京会试时发行"闱姓"，其规则是，将应试者每人的姓印在纸上，定价出售，由购买者填选中榜者的姓，发榜后，按猜中的多少依次获得头等、二等、三等彩。科举未废时，"闱姓"风行于广东，但它还不是现代意义上的彩票。

1.4.1.2　清末民初的彩票

1899 年，因自然灾害严重，清政府国库空虚，于是在江苏、安徽、湖北等省以赈灾等名义，经两江总督刘坤一批准，成立了广济公司，发行"江南义赈彩票"，并于同年 4 月 23 日在上海张园开奖。该公司是中国第一家经清政府批准成立的正式彩票公司，该彩票第一次为公益事业发行的彩票，标志着中国现代彩票的出现。而地方政府正式发行的彩票是清末湖广总督张之洞批准发行的"湖北签捐票"。此后，浙、皖、鲁、豫、湘、甘、粤等省相继发行了各省的彩票（朱晓军，2003）。

晚清时期彩票卖得十分火爆，彩票及玩法五花八门，非常普遍，从城市到乡村，影响极大。在当时全国的彩票销售中心上海，正式注册的彩票公司就有十余家，每月能销售数万张，月销售额达八九十万元，还不包括一些并未注册的私人小公司。

1903 年，在华中重镇武汉，彩票店铺星罗棋布。当地报纸报道："每一条大街，长不过二百码，而彩票店铺竟有四五家之多，凡彩票之店，装饰华丽，颇动人目。"还有的报纸说"大街小巷，招牌林立者，必售彩之处也""街上行人走卒，立谈偶语者，皆买彩票之事也"。除了各类娱乐性质的花会彩票、白鸽彩票，也发行了各类赈灾、签捐、铁路修建等彩票（闵杰，2000）。

民国初年，在《中华民国临时约法》中曾明令禁止发行彩票。1918年以后，各省督军发行各种以"善后""济实""慈善"为名的彩票，如"湖北军事善后有奖义券""湘赈慈善救济券""浙江绍萧塘工券""山东兴业票""中华利济票""博山玻璃票"以及"吕宋发财票"、旧上海跑马厅的"香槟票"等。

1.4.1.3 国民政府时期的彩票

1933年5月，国民党中央政府发行了"航空公路建设奖券"。第一次发行之初，国民党政府公布了《航空公路建设奖券条例》。1937年国民党中央政府还发行了"黄河彩票"，见图1-1。此外，还有赛马彩票，见图1-2。与此同时，国民党地方政府也发行彩票，如浙江省政府曾于1929年发行"西湖博览会有奖游券"；上海市政府还发行了"珠宝奖券""房屋奖券"等。

图1-1　1937年初黄河赈灾的公益彩票

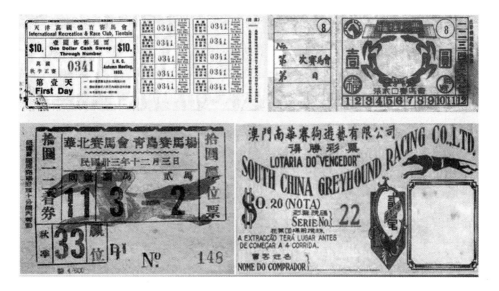

图 1 - 2　民国时期的赛马彩票

1.4.1.4　中华人民共和国彩票

从中华人民共和国成立到 1987 年前，彩票被政府禁止。但是，进入 20 世纪 80 年代后，随着改革开放的不断深入，一方面，我国的经济快速发展，人民的生活水平不断提高；另一方面，社会保障成为引人关注的问题，虽然每年的财政拨款速度都在增加，但由于社会救助对象的基数大，故仅靠财政拨款难以解决问题。鉴于此，经国务院批准，1987 年和 1994 年先后由民政部和国家体委发行了中国福利彩票和中国体育彩票，结束了新中国成立几十年来由国家包办社会福利事业的老路，开辟了向社会筹集资金办社会福利的新路。

1.4.2　现代意义上中国彩票品牌的发展

根据有关数据《中国彩票年鉴 2012》，可以将现代意义上的中国彩票品牌的发展做一个梳理。

1.4.2.1　从起步到巩固提升的中国彩票业（1987～2009 年）

（1）中国福利彩票的发展历程。1986 年 12 月 20 日，国务院第 128 次常务会议讨论批复了民政部《关于开展社会福利有奖募捐活动的请示》，同意由民政部组织"中国社会福利有奖募捐券发行中心"，在全国范围内开展有奖募捐活动。1987 年 6 月 3 日，中国社会福利有奖募捐委员会在北京成立。1987 年 7 月 27 日，第一批价格为 1 元的福利彩票在河北省石家庄市销售，标志着中国当代彩票业的诞生。

福利彩票至今已有 30 多年的历史了，其发展历程大致可以分为四个阶段。

①起步阶段。此阶段为 1987 ~ 1989 年。由于长期的压制和偏见，福利彩票在这段时间没能让人们充分接受，甚至出现无人问津的现象。全国 10 个试点省市在 1987 年的彩票销售额只有 1739.5 万元，1989 年，一些省市推出了实物奖品、灵活设奖的小奖组，开始探索集中的大批量销售彩票的方法，当年的销售额达到 3.76 亿元，且 1987 ~ 1989 年全国福利彩票销售总额为 7.768 亿元。

1988 年之后，一些地方、部门、企事业单位自行发行彩票，导致彩票市场混乱，为此，国务院先后三次通知各地各部门进一步加强彩票市场的管理，将彩票发行批准权等收归国务院。

②平稳发展阶段。此阶段为 1990 ~ 1994 年。1990 年以后，彩票逐步被人们接受，销售额逐年增加，1992 年部分省市采取大奖组、大场面、大声势以及高奖额、低奖面、多奖级的形式销售福利彩票即开票，开始尝试百万元大奖组销售方式，当年福利彩票销量达 13.76 亿元，比 1991 年增长 56%。

在此阶段，全国人大于 1993 年颁布了《中华人民共和国反不正当竞争法》，1994 年 5 月中央办公厅、国务院第四次通电全国，要求严格管理彩票市场，禁止地方擅自发行彩票，并明确规定中国人民银行是国务院主管彩票的机关，这对彩票市场起到了强有力的规范作用。

同时，1993 年"中国社会福利有奖募捐券发行中心"改名为"中国社会福利奖券发行中心"，1994 年正式定名为"中国福利彩票发行管理中心"。

③巩固提升阶段。此阶段为 1995 ~ 2008 年。一方面，进入 1995 年后，随着体育彩票的入市，中国彩票市场形成了福利彩票和体育彩票共存的局面，鉴于彩票的特点，彩票的经营管理可以进行适度的竞争和营销；另一方面，自 1994 年开始，电脑型彩票进入市场，2000 年后现代技术设备全面应用，新型玩法层出不穷，不断改进发行销售方式，全力丰富彩票品种，形成高速发

展的状态。福利彩票销售额从 1995 年的 57.3 亿元增加到 2008 年的 603 多亿元，为社会公益事业做出了重大的贡献。

此阶段的另一个重要特点是：财政部全面接管彩票的管理工作，确定了现行的彩票管理体制，建立和完善了彩票的管理制度。

（2）中国体育彩票的发展历程。1984 年 11 月，福建省发行了体育设施建设彩票，随后，江苏、广东、河北等省市也相继发行了地方性体育彩票。经国务院批准，原国家体委于 1988～1990 年发行"第十一届亚运会基金奖券"（传统即开结合型），它标志着我国全国性体育彩票的出现。

截至 1992 年 4 月，经国务院批准，国家体委先后发行了亚运会、民运会、城运会、农运会、东亚运动会等大型综合性运动会彩票以及足球专项彩票，积累了成功的经验。1993 年 3 月，国务院办公厅下达《关于体育彩票等问题的复函》，国家体委据此开始了一系列发行体育彩票的准备工作。

中国体育彩票的发展大致经历了以下几个阶段。

①起步阶段。此阶段为 1994～1999 年。1994 年 4 月，原国家体委成立体育彩票管理中心，正式在全国发行票面面额以 2 元为主的即开型、传统型及即开传统结合型体育彩票，1994～1995 年体育彩票销售额为 10 亿元，1999 年的销售额为 40 多亿元，虽然 1999 年的销售额是发行首年的 4 倍，但与福利彩票相比差距较大，其中 1995 年和 1996 年大约是福利彩票销售额的 1/5，1997～1999 年差距缩小到 2/5 左右，表明体育彩票的销售额稳步提高。

②平稳发展阶段。此阶段为 2000～2003 年。在此阶段，全国体育彩票的销售额反超福利彩票，其中 2002 年比福利彩票的销售额多 50 亿元。

此阶段大奖组即开型彩票的销售取得了较大的成功。

③巩固提升阶段。此阶段为 2004～2009 年。2004 年是中国彩票业的多事之秋，2004 年 3 月中国体育彩票大奖组即开型在西安爆发"宝马假票案"；福利彩票于同年 5 月在贵阳大奖组即开票销售现场出现人为爆炸事件，6 月深圳彩世塔公司在广州、深圳等 17 个城市承销大奖组即开票中出现作弊事件，所有这些对当时以即开型彩票为主体的中国体育彩票销售影响甚大，当年销售额比上一年减少 47 亿元。

鉴于此，国家体育总局体育彩票管理中心一方面加强技术改造，电脑型彩票成为主流；另一方面，在不断丰富数字型、乐透型产品玩法的同时，加强了竞猜型产品玩法的开发和销售，提高彩票市场营销能力，市场效果显著。年销售额从1995年的10亿元增加到2008年的456多亿元，为社会公益事业做出了重大的贡献。

1.4.2.2 依法有序发展阶段（2009年至今）

2009年7月1日，《彩票管理条例》在我国正式实施，标志着我国的彩票行业进入有法可依、有法可循的时代。彩票的销售额以年均超过20%的速度快速增长，到2015年，彩票销售额达3679亿元。

自2007年以来，随着互联网的飞速发展，网络售彩在为彩票业开拓了新的销售渠道的同时，也带来了一系列问题，经过多次的整顿，2015年3月起暂停互联网销售彩票，2016年5月24日，财政部、公安部、工商总局、民政部和体育总局（五部委）正式发出《关于做好查处擅自利用互联网销售彩票工作有关问题的通知》。

2018年8月，财政部等12部委联合发布公告，在查处范围上，从"坚决禁止擅自利用互联网销售彩票行为"，扩大至"严厉打击以彩票名义开展的网络私彩、网络赌博等任何形式的违法违规经营活动"，并细化了各类网络售彩行为和相应的处理办法。与2015年的公告不同，此次新增了中央文明办、国家发改委、文化和旅游部、国家网信办。文化和旅游部、网信办的加入，也让治理本身覆盖了以前的盲区死角。如公告中提及，对网络游戏中涉及的擅自利用网络售彩行为，由文化和旅游部门依法查处。

与此同时，国家也在加强对彩票资金的审计工作。2014年，审计署对全国范围内涉及彩票资金的相关部门、机构进行了全面审计，抽查了18个省份的彩票发行销售机构，并于2015年6月公布了审计结果。审计结果表明，彩票资金的使用虽然存在着问题，但总体来看，彩票事业对社会公益的发展发挥了积极的支持作用。彩票公益金被广泛用于"养老、助残、救孤、济困"和体育事业发展等各项社会公益性事业。最近几年，中国彩票管理法规和制度在不断健全，彩票资金的预算和财务管理也在不断完善。

与此同时，彩票发行机构开始更多强调彩票的社会责任问题，并积极申请通过世界彩票协会负责彩票的认证和发布彩票机构年度社会责任报告。

1.4.3　国外彩票品牌发展的历史

1.4.3.1　概述

目前，国外彩票最早出现在哪个国家尚无定论。有人认为彩票最早出现在 5000 多年前的意大利，时至 2014 年，意大利人发行的彩票数久居世界第一。日本也堪称彩票大国，年发行彩票量达 20 亿张。为推动百姓的"彩票热"，日本政府将每年的 9 月 2 日定为"彩票节"。由于政府的鼓励，多数日本人热衷购买彩票。

"据有关方面的统计，在过去的 5 年里，全球的彩票收入达 1000 亿美元，增长幅度达 50% 。在如此丰厚的收入面前，一些资金困乏的政府看来是很难抵挡得住的，因此，在一些允许发行彩票的国家里，为了维持每年的彩票发行额，政府部门就得想出各种新花样来吸引住'顾客'，于是，形形色色的'摸彩'方式也就应运而生，从数据显示终端到电视节目，应有尽有。"（方舟，1996）。目前，世界上已有 150 多个国家和地区在发行各种形式的彩票（胡穗华等，2009）。

虽然各国情况各不相同，但彩票的发行都经历了由民间转为政府、彩票所筹集资金的使用由商业目的转为公益事业的过程，且绝大多数国家都是先发行即开型彩票后发行电脑型彩票。

美洲有美国、加拿大、巴西等近 20 个国家发行彩票。以美国为例，美国第一次非正式发行彩票是 1612 年，在詹姆斯镇举行，这一举动为该镇筹集了一半的预算。1776 年，美国国会曾发行 4 种彩票来筹集资金，建立了哈佛、耶鲁等好几所大学。随后，彩票在美国开开禁禁，1964 年，才第一次发行合法彩票——罗金汉马场举行的赛马彩票。直到 20 世纪 80 年代初，人们的观念才有了很大程度的改变，绝大多数州的彩票陆续得以合法（美国作为联邦国家，彩票的发行以州为单位），到 2003 年止，共有 38 个州发行彩票（胡穗华等，2009）。

美国是彩票运作体制比较完善的国家，彩票种类繁多。多年来，美国的即开型彩票在世界范围内开展得最为成功,传统型彩票一般奖金额较低但中奖面较宽。乐透型彩票除各州自己的玩法外,往往若干个州会联合推出新的玩法,如15个州和哥伦比亚特区联合发行的"乐透美国彩票",其奖金额极高。此外,竞猜型彩票涉及众多体育项目,如足球、篮球、橄榄球、拳击和网球等,其中篮球、橄榄球、拳击彩票开展得异常火爆,而足球彩票则一般。

在欧洲,许多国家在18世纪初已经意识到发行彩票是增加政府财政收入的一个很好的方法。1726年荷兰政府、1754年丹麦政府、1763年西班牙政府、1773年瑞典政府、1785年葡萄牙政府等先后使彩票活动合法化。虽然其中不少国家其后和美国一样经历过彩票开开禁禁的历程,但发展到现在,彩票已经成为人们日常生活的一个组成部分。

在亚洲,泰国的彩票业已有百余年的历史,1939年成立国家彩票局专营彩票,主要品种是传统券。新加坡政府于1968年批准创办新加坡博彩有限公司以绝断社会非法赌博和筹资用于社会公益。日本政府则在1945年第一次发行彩票,而我国香港地区彩票合法化是在1958年,目前其发行的主要有六合彩、传统型彩票和马票。

澳大利亚的彩票业相当发达,新西兰则先发行电脑型彩票后发行即开型彩票(这与世界彩票业的发展过程有些不同)。

此外,非洲的摩洛哥、莫桑比克、贝宁、南非等约20个国家也发行彩票,只是彩票业欠发达。

1.4.3.2 世界彩票协会

世界彩票协会(World Lottery Association,WLA)是由国家彩票组织国际协会、国际足球和乐透型彩票组织协会合并而成,合并时间为2000年。

国家彩票组织国际协会成立于1956年,其宗旨是加强各国彩票组织之间的交流,其正式会员必须是政府彩票组织,非正式会员是除政府彩票组织以外的彩票组织,如彩票设备厂商、印刷商、彩票顾问等。

1953年,18名欧洲足球彩票公司代表发起成立了国际足球和乐透型彩票组织协会(吴永模,2015)。它是一个松散的、非政法联盟,任何经各国政府批准、经营乐透型彩票、足球彩票或类似彩票并以为体育、文化、教育和社会福利事业筹集资金为目的的组织，均可成为会员，其宗旨是加强会员之间的相互交流。中国福利彩票管理中心和中国体育彩票管理中心均是该协会会员。

由于两个组织的会员交叉现象随着彩票业的发展日渐增多且宗旨相同，经过友好协商，2000 年两个组织合二为一，正式成立新的国际彩票组织——世界彩票协会。

世界彩票协会下设执行委员会（executive committee）、商务办公室（business office）、一般委员会（WLA committee）。其使命是"促进各国国家授权运营的彩票机构的共同利益"；核心价值观是责任（秉承最高的企业和社会责任标准）、诚信（透明与负责）、专业（为会员、利益相关方提供卓越的服务）、创新和创造。

作为彩票行业一个全球性的权威机构，世界彩票协会秉承高的道德标准，为各会员机构提供服务和支持，以帮助各国彩票机构达成目标，为各自的社会做出贡献。所有的会员机构都必须遵循严格的社会责任、责任游戏以及安全和风险管理标准。其目标是：收集和交流全球彩票业务和相关领域的信息；确立最佳实践标准；确立道德责任标准；为各会员提供教育性和专业性的发展服务（会议、研讨会），信息以及咨询服务；与区域性的彩票组织合作，促进会员的共同利益。2016 年 2 月，中国福利彩票通过了世界彩票协会授予的责任彩票二级认证。中国体育彩票则分别于 2012 年、2016 年、2018 年通过了世界彩票协会责任彩票一级、二级、三级认证。

世界彩票协会每两年举办一次"世界彩票峰会"，其间还举行世界彩票博览会，展示彩票行业最新的技术成果和设备。此外，世界彩票协会还积极与区域彩票协会合作，每年在各地举行各种专题研讨会，以进一步加强会员机构之间的信息交流，促进共同利益。

应该说，世界彩票协会对各国彩票行业以及彩票机构品牌和游戏品牌的规范化和健康化发展，起到了重要的导向和促进作用。

* 延伸阅读 1 - 1 *　　第一张即开票是谁发明的

据考证，最早的即开彩票起源于瑞士，但你是否知道，近代第一款即开票长什么样，又是谁发明的？

近代第一款即开票，见图1－3。可以看到，彩票外表和今天的彩票没有太大差异。该款即开票有4次中奖机会：匹配4个图案，可以获得最高奖金1万美元；匹配3个图案，奖金为1000美元；匹配2个图案，奖金为10美元；只有1个图案匹配，可以获得2张新的即开票。此外，刮开底部右侧的方框，能看到一个字母。如果集齐"instant"7个字母，额外得到1万美元奖励；集齐"game"4个字母，额外得到100美元奖励。可别嫌弃这点奖金，要知道推出这款即开票的时间是1974年，那时候的100美元可值钱了。

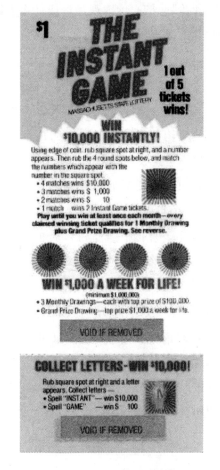

图1－3 世界上第一款即开票

这种即开票通过复杂的算法、加密和防火墙等高安全技术，以确保没有人知道中奖机会。发明这款即开票的就是科学游戏公司（Scientific Games，以下简称"科学游戏")。科学游戏是一家总部设在美国内华达州拉斯维加斯的公司，成立于 1973 年。它虽然较早推出了即开票，但事实上它却是博彩出身。早在 1936 年，公司就推出首款老虎机"Bally Baby"。随后，公司不断推出各种博彩产品，直至 1996 年，推出名为"AEGIS®"的开放彩票游戏系统，才算是真正踏进彩票领域。

现在的科学游戏是由早前的两家公司合并创建的。1989 年，美国一间赛马场投注设备供应商——联合托特（United Tote）收购奥托托系统公司（Autotote Systems，Inc.），后者成立于 1979 年，从事电脑博彩设备、博彩软件、体育博彩、政府彩票，以及为赛马投注提供卫星广播等业务。在两间公司正要进行业务整合之际，联邦反垄断监管机构控告其违反《反垄断法》，因为合并后，两间公司收入占当时美国整个赌金计算器制造和服务市场近 1/2 份额。1991 年，联邦法院裁决两间公司解散，原联合托特的资产退回给创始人，而剩余部分则更名重组为奥托托公司（Autotote Corp.）。2000 年，奥托托公司收购科学游戏控股公司（Scientific Games Holdings Corp.）股份，交易价格为 3.08 亿美元，并在 2001 年将奥托托改名为科学游戏。

现在的科学游戏已经发展成一个以"彩票、博彩和互动"三大业务为主的全方位彩票以及博彩集团公司。产品包括电子游戏机、桌面游戏、即时彩票游戏、彩票游戏系统、终端硬件和服务、基于服务器的互动赌博终端和赌博控制系统等。根据官网介绍，科学游戏是全球彩票和博彩行业的领先创新者，在过去 40 年中，服务人群包括全球 6 大洲 300 多家客户。

美国的彩票与博彩业发达，市场需求大，因此，造就了一批极具竞争力和创新性的公司。科学游戏就是其中的一员，在美国乃至全球彩票业发展过程中扮演着重要的角色，其研发的即开票如今已经成为各国的标准玩法。

如果从 1964 年新罕布什尔成为全美第一个合法发行彩票的州算起，至今美国近代彩票约有 53 年历史，而中国彩票业发展至今约为 30 年，差不多是美国的 1/2。尽管中美两国的国情不同，所走的彩票之路也未必相同，但美国同行公司的历史发展脉络无疑值得我们借鉴。

资料来源：深圳晚报，2017 - 09 - 20，A22.

1.5　彩票品牌管理的重要意义

如前所述，全球彩票市场快速发展的同时，各个国家也均面临了一些显著的压力和挑战。第一，彩票机构需要应对日益激烈的市场竞争。彩票行业自身的发展、玩法和游戏产品的不断推陈出新，都导致了内部竞争的必然升级。同时，今天市场中各种体验消费特别娱乐化消费产品和项目日益丰富，也会在一定程度上引流彩票市场的潜在消费者，造成对彩票市场的掠取。第二，彩票对年轻消费群体的吸引力不足。原有的彩票营销从产品定位和设计到营销沟通等都未能较好地洞察和满足年轻人的需求和偏好。因此，在吸引年轻消费群体以及高素质消费群体方面表现乏力。第三，如何实现彩票市场的健康可持续的发展？彩票机构如何在促进销量和履行社会责任之间保持平衡？

面对这些压力与挑战，单纯依赖"摸着石头过河"的简单探索和试错方式是不够的，必须有科学系统的方法论的指导，并将之与彩票营销的创新实践相结合。品牌管理则为之提供了恰当的理论视角以及可操作的工具和方法。

彩票品牌管理的意义具体体现在以下几个方面。

1.5.1　打造差异化，满足竞争需要

品牌最初的也是最基本的一个功能即实现产品的差异化，将不同所有者的产品区分开来，并最终影响消费者的选择。如果说彩票可能满足消费者的需求都包括了博彩、娱乐、公益等，那么排除发行机构的不同，福利彩票和体育彩票之间的差异化到底何在？如何进行定位、传播和强化？更具体的，在福利彩票和体育彩票旗下，又包含了众多的玩法品牌，每一个玩法对消费者独特的价值是什么，用什么来吸引消费者，不同玩法的营销重点是什么？这都需要应用品牌管理理论来进行指导。

1.5.2　实现彩票品牌资产管理

基于顾客的品牌资产是指顾客品牌知识不同所导致的对营销活动的差异化反应。只有将品牌作为资产来管理，才能实现使品牌方面的绩效得以累积和提升。只有建立清晰的品牌资产模型，才能找到建立、保持和提升品牌资产的路径。这一理念对于彩票机构品牌资产的管理而言尤为重要。

1.5.3　促进彩票品牌长期管理

一旦品牌建立起来，具有了良好的市场绩效，就需要纳入长期品牌管理的轨道。市场中很多老品牌如可口可乐，能够几十年甚至上百年保持基业长青，是因为很好地做到了品牌的长期管理。尽管具体的彩票产品可能会不断迭代，甚至可能会退出市场，但一些彩票玩法、品牌可能具有较久的生命周期。比如，福彩双色球，从2003年上市到现在已经有十几年的时间了，算是名副其实的老品牌。纵观其发展，是一个动态的过程。但这个过程更多是受到市场的牵引，本能地向前发展。而并不是靠一套既定的品牌战略作为指导。当然，这与各国彩票发展的阶段性有关。

1.5.4　提升彩票品牌形象，促进声誉管理

彩票是一种特殊的产品，彩票行业的发展目标在于通过彩票销售募集资金，反哺社会公益，这与一般的营利性企业有显著差异。因此，彩票发行机构要向社会公众传递公益性的品牌价值，提升品牌声誉。那么，如何对机构品牌的定位进行描述和传播，当出现负面新闻时如何进行危机公关，以及危机过后如何进行信任修复，这些现实问题同样要从品牌管理理论中获得启发。

1.5.5　促进彩票营销管理的战略化

品牌管理思想是一种战略思维，要求彩票机构在营销过程中注重品牌定位、

战略层面的品牌宣传，以及对母、子品牌和品牌家族的评估和管理，并适时采用品牌延伸、品牌联合等杠杆来提升品牌资产。研究和实施品牌管理，对于彩票行业避免短视、从战略高度审视自己的营销管理和发展模式，具有重要意义。

1.5.6　品牌管理对彩票全产业链营销管理提出了新要求

彩票营销涉及产品研发、印制、物流配送、销售、交易与管理数据系统、服务平台等多方，品牌管理不可能只是彩票发行机构的事，而是要求全产业链都具备品牌意识，共同打造良好的品牌形象。

1.6　中国彩票品牌管理面临的机会和挑战

在彩票销量上，中国已经成为世界彩票市场的第二大国，是世界彩票大家族中的重要一员。中国彩票品牌管理发展，既面临着重要的机会又面临着较大的压力和挑战。

1.6.1　中国彩票品牌管理发展面临的机会

1.6.1.1　品牌管理的大环境已经形成

2017年4月24日，国务院批准了《国家发展改革委关于设立"中国品牌日"的请示》，同意自2017年起，将每年5月10日设立为"中国品牌日"。事实上其源头可以追溯到2016年6月。当时国务院印发的《关于发挥品牌引领作用推动供需结构升级的意见》指出，随着我国经济发展，居民收入快速增加，中等收入群体持续扩大，消费结构不断升级，消费者对产品和服务的消费提出更高要求，更加注重品质，讲究品牌消费，呈现出个性化、多样化、高端化、体验式消费特点。在此背景下，我国应该树立自主品牌消费信心，发挥品牌影响力，扩大自主品牌产品消费，其中一个方法就是设立"中国品牌日"，大力宣传知名自主品牌，讲好中国品牌故事，提高自主品牌影响力和认知度。不论是从国内消费者需求来看，还是从国际市场竞争需要来看，都迫切需要企业重视品牌的建设和培育，只有打造强势品牌才能具有更强的竞争力，获得更高的溢价。

中国品牌日的设立说明品牌战略已成为国家层面的战略，势必会对国内所有行业提出要求。在这种情境下，品牌管理意识必然会渗透到各行各业，影响各类组织的战略思考。彩票也是一样。

1.6.1.2 彩票行业 30 年营销实践的积累为品牌战略奠定了基础

对彩票行业来说，经历了 30 多年营销实践的积累，事实上，已经形成了基本的品牌认知，特别是已经在实践中开始有意无意地在运用一些品牌管理的策略和方法，比如采取名人代言、通过公关活动来提升品牌形象等，但还缺乏清晰的方法论的指导，更未能从战略层面去系统制定品牌发展规划。而今天中国的彩票行业也确实走到了一个分水岭，彩票行业不能再被市场推着走，遇到问题解决问题；而是应该在已有规模的基础上，谋求高远，用更高的战略来指引行业可持续发展，对此应用品牌战略，采取品牌管理的视角和方法，是适时的，也是恰当的。

1.6.1.3 彩票消费群体的转型升级对彩票品牌管理提出了必然要求

传统的彩票消费群体很大一部分是中低收入及中低教育程度的人群，这些人群对品牌的敏感度不高。但随着我国彩票行业的发展和升级，彩票市场的目标群体也在发生结构性变化，表现为越来越多中高收入及高教育背景的消费者群体的加入。这些消费者对品牌更加敏感，更容易受到强势品牌的影响，也势必会对彩票品牌管理和服务提出更高的要求，从而促进彩票行业对品牌战略的重视。

1.6.2 中国彩票品牌管理发展面临的挑战

1.6.2.1 品牌管理意识比较薄弱

不仅是彩票行业，整个中国市场的品牌意识都不是很强。其表现并不在于大家不知道品牌这个概念，事实上几乎每个行业、每个企业都在谈品牌。问题的关键在于普遍缺乏正确的品牌理念，以为培育品牌就是烧钱做广告，以为品牌建设可以凭一朝一夕之功。对品牌管理理论及其品牌发展规律缺乏深刻的认知和理解，这就造成了在实践中企业虽然对品牌夸夸其谈，但在行动上却比较肤浅，缺乏明确的目标和长远的规划。

1.6.2.2　品牌管理人才匮乏

一个行业中品牌战略的实施和绩效与相关人才的储备密切相关。彩票行业需要一批既了解彩票市场运营规律，又真正懂得品牌管理理论的"双专型"人才，这样才能真正以品牌理论为指导，并与彩票市场实践相结合，制定恰当的营销策略，促进可持续发展。这是从大的角度而言。更具体地，彩票营销的主要渠道在于彩票投注站，彩票行业的品牌发展最终体现为这些终端实体站点的品牌管理和创新的能力。然而，这些彩票投注站的经营者本身的素质、能力高低不齐，要在总体上提升也面临较大的压力。

＊案例 1－1＊　西班牙"大胖子"圣诞彩票

据西班牙《世界报》报道，在圣诞节到来之前，西班牙有个传统庆祝方式就是购买"el Gordo"（大胖子）圣诞彩票并等待它开奖，见图 1－4，由于"大胖子"圣诞彩票的头奖高达 400 万欧元，并且中奖人数可达数千人，这一庆祝方式成为圣诞节前人们的集体狂欢。

2016 年 12 月 22 日晚，在西班牙首都马德里的皇家剧院开出了 2016 年的"大胖子"圣诞彩票的中奖号码。头奖号码为 66513，奖金金额为 400 万欧元，共有 165 组头奖，头奖几乎全部落入了马德里一个区的数百名居民手中；二等奖的金额为 125 万欧元，中奖地区为格拉纳达、瓦伦西亚、马拉加、巴利亚多利德、马德里等多个省份；三等奖金额为 50 万欧元。

据悉，西班牙"大胖子"彩票始于 1812 年，已有 200 多年的历史。和世界上其他著名的彩票游戏只产生少量的大奖不同，西班牙彩票一直坚持"分享财富"的发行体制，每年都会有数千人共同分享这份惊喜。

资料来源：中国福利彩票官网，http：//www.cwl.gov.cn/。

图 1-4　2016 年西班牙"大胖子"圣诞彩票开奖

案例思考：

（1）是否可以将西班牙"大胖子"彩票看作一个品牌？如果是，它的特别之处（差异性）体现在哪里？

（2）大胖子彩票的营销策略有何成功之处？

参考文献

[1] 胡穗华等. 彩票营销学 [M]. 北京：中国经济出版社，2009.

[2] 凯文·莱恩·凯勒. 战略品牌管理（第 2 版）[M]. 李乃和等，译. 北京：中国人民大出版社，2006.

[3] 闵杰. 清末彩票何以畅销：彩票百年史之二 [J]. 百年潮，2000（5）：72-75.

[4] 王海忠. 品牌管理 [M]. 北京：清华大学出版社，2014.

[5] 吴永模. 中国福利彩票市场营销策略研究 [D]. 天津：天津大学，2015.

[6] 朱晓军. 彩票管理操作手册 [M]. 长春：吉林音像出版社，2003.

[7] 中国彩票年鉴编辑委员会. 中国彩票年鉴 2012 [M]. 北京：中国财政经济出版社，2013.

第 II 篇　彩票品牌战略的启动

第 2 章
彩票品牌资产

2.1　品牌资产的战略意义

2.1.1　品牌资产的重要性

大多数研究者都认为品牌资产应该是品牌所具有的独特的市场影响力。也就是说，品牌资产解释了具有品牌的产品或服务和不具有品牌的产品或服务两者之间营销结果差异化的原因。品牌化就是创造这种差异。品牌资产概念强化了品牌在营销策略中角色的重要性，反映了品牌的价值。

可以从以下几个方面对品牌和品牌资产进行理解。

（1）针对品牌进行的市场活动会给产品带来附加价值，从而影响市场业绩。

（2）品牌价值的培育方式众多，不胜枚举。

（3）品牌资产视角为营销策略和品牌价值的评估提供了标准。

（4）企业所获得的品牌价值体现在多个方面，例如更大的收益、更低的成本，或两者兼而有之。

2.1.2 品牌资产与战略品牌管理

品牌资产的概念非常重要，事实上所谓战略品牌管理就是围绕品牌资产来展开的。战略品牌管理涉及创建、评估及管理品牌资产的营销规划和活动的设计和执行。

战略品牌管理流程包括以下四个主要步骤。

（1）识别和建立品牌规划。在战略品牌管理流程中，要清晰地理解品牌代表什么，以及相比竞争者应该如何定位。

（2）设计并执行品牌营销活动。创建品牌资产就要求在消费者大脑之中进行合理定位，并尽可能获得消费者的品牌共鸣。这需要通过策划和实施有效的营销活动来得以实现。

（3）评估和诠释品牌绩效。一旦确定了品牌定位策略，就需要将实际营销方案付诸行动，以创建、强化或维持品牌联想。营销方案实施以后，为了了解其效果，可通过营销调研等手段来测量和诠释营销绩效。

（4）提升和维系品牌资产。有效的品牌管理要求以长期的视角来制定品牌决策。品牌管理的长期视角认为，品牌营销方案的任何变化将会改变消费者对品牌的认知，并最终影响未来营销方案的成功。此外，长远视角还要求积极设计品牌战略，以长期维护和提升基于顾客的品牌资产，并在品牌面临困难和问题时，制定品牌激活战略。

总之，战略品牌管理的步骤围绕品牌资产而展开。

2.2 彩票品牌资产的概念： 基于顾客的品牌资产

2.2.1 基于顾客的品牌资产

2.2.1.1 基于顾客的品牌资产概念

一个强势品牌是怎样形成的？如何才能创建一个强势品牌？这是我们经常在品牌管理中提起的两个问题。基于顾客的品牌资产（customer-based brand equity，CBBE）模型提供的是一种独特视角，它是从基于顾客的角度解释品牌资产以及如何才能更好地创建、评估和管理品牌资产，可以对上述问题做出回答。这一概念是由凯文·凯勒教授首先提出来的，他认为品牌资产是由于顾客心智中建立起的品牌知识而导致的顾客对公司品牌营销活动的差异化反应。而品牌之所以对企业、经销商等有价值，根源在于品牌在顾客心智中建立起了品牌印记或品牌知识网络（Keller，1993）。

一个品牌的强势程度取决于顾客在长期经历中，对品牌的所见、所闻、所知、所感；也就是说，品牌存在于顾客的心智之中。营销者必须保证提供的产品和服务能针对顾客的需求，同时能通过市场营销方案，把顾客的思想、感情、形象、信念、感知和意见等与品牌关联起来。

因此，我们将基于顾客的品牌资产（CBBE）正式定义为：顾客品牌知识所导致的对营销活动的差异化反应。当一个品牌拥有积极的基于顾客的品牌资产时，它不仅会让顾客更愿意购买和与之保持持久的关系，并且能使顾客对品牌有更大的包容度，比如接受品牌延伸、价格上涨等以及降低品牌广告投入等产生的不良反应，或使顾客更愿意在新的营销渠道中找到该品牌。相反，如果顾客对一个品牌的营销活动反应冷淡，仿佛他们面对的是一个无品牌或只有虚假品牌名称的同类产品，那么该品牌就拥有消极的基于顾客的品牌资产。比如西班牙的"大胖子"彩票成为西班牙民众圣诞节的"标配"，对于西班牙民众而言就拥有积极的品牌资产。再比如，我国早期推出的传统型彩票，每期彩票的发行总量固定，事先编组，号码事先印制在票面上，奖级、奖数和奖金均在销售前公布，彩民可选择自主购买彩票，但无法更改彩票上的号码。销售结束后，集中一次开奖，彩民按照开奖号码对号入座确定是否中奖。这种彩票一开始曾经引起人们的购买热潮，但随着新的彩票玩法的不断推出以及消费者对彩票娱乐化和趣味性的要求越来越高，这种传统型彩票所具有的品牌资产逐渐变得消极，目前已经逐渐退出彩票的历史舞台。

基于顾客的品牌资产的定义有三个重要组成部分。

（1）差异化效应。品牌资产源于顾客的差异化反应。若没有差异产生，就不存在品牌效应。竞争则更趋于建立在价格的基础之上。

（2）品牌知识。这种差异化反应来源于顾客的品牌知识，也就是顾客在长期的经验中对品牌的所知、所感、所见和所闻。

（3）顾客对营销的反应。表现在与该品牌有关的顾客观念、喜好和行为中，如品牌的选择、对广告的回想、对促销活动的反应、对品牌延伸的评价等。

2.2.1.2 彩票品牌资产概念

我们将彩票品牌资产定义为：消费者的彩票品牌知识所导致的对彩票营销活动的差异化反应。

这里所说的彩票品牌是多样化的甚至是多层次的。比如我国既有福利彩票、体育彩票这样不同的彩票发行机构及旗下品牌，又有双色球、大乐透这样具体的产品品牌，还可以延伸到各地彩票发行中心、彩票投注站等具体的机构或服务实体品牌。但无论怎么样，它们都有进行品牌管理的必要，其品牌资产的核心本质不变，即由于消费者对其所拥有的品牌知识不同，因而对其营销活动存在差异化反应，进而导致了品牌营销活动的效果不同。

我们研究彩票品牌管理，核心就是研究彩票品牌资产是如何形成的，如何进行提高和强化，如何进行良好的长期管理。

2.2.2 创造品牌资产的关键：让品牌知识留在顾客的记忆中

基于顾客的品牌资产的视角，品牌知识是创造品牌资产的关键，因为是品牌知识形成了差异化效应。营销者必须找到一种能使品牌知识留在顾客记忆中的方法。

心理学的联想网络记忆模型（associative network memory model）认为，记忆是由节点和相关的链环组成的。节点代表储存的信息和概念，链环代表这些信息或概念之间的联想强度。任何信息都可以被储存在记忆网络中，包括语言、图像、抽象的或者文字含义中的信息。

同样地，品牌知识也是由记忆中的品牌节点和与其相关的链环组成的。具体地，品牌知识由以下两部分组成：品牌认知和品牌形象。

品牌认知（brand awareness）与记忆中品牌节点的强度有关，它反映了顾客在不同情况下辨认该品牌的能力。就如同人们在街头一眼就可以认出麦当劳、肯德基、星巴克的门店。对彩票熟悉的人可以立刻识别出一家福彩投注站或者体彩投注站。

在建立品牌资产的阶段，品牌认知是必需的，但并不充分，还必须创造专属的品牌形象。品牌形象（brand image）可以被定义为顾客对品牌的感知，它反映为顾客记忆中关于该品牌的联想。换句话说，品牌联想是记忆中与品牌节点相关联的其他信息节点，它包含顾客心目中的品牌含义。比如，麦当劳的营销在顾客心目中建立了一些强有力的品牌联想，如"金色拱门""儿童喜欢""服务""洁净""方便"，但同时也可能出现一些负面的联想，如"快餐""垃圾食品"。

2.3 如何创建强势的彩票品牌

2.3.1 彩票品牌资产从哪里来

如果问你：福利彩票和体育彩票有什么差别，你能说出来吗？当然你可能会说，它们的发行机构、发行宗旨和发行目的都不同。但别忘了，顾客，也就是彩民所关心的更多的不是名称和名义上的，而是它们在玩法设计、游戏体验、服务内容等方面给自己带来的价值感受到底有何不同。要打造强势的彩票品牌，就必须清楚其品牌资产的来源。

为了使营销策略获得成功并建立起品牌资产，就需要说服顾客，使他们理解在同类产品和服务中，不同的品牌存在很大的差异。品牌建立中最重要的一点就是，不能让顾客认为同类产品的所有品牌都是相同的。如前所述，创建基于顾客的品牌资产时，在顾客记忆中建立品牌认知和建立积极的品牌形象（即强有力的、偏好的和独特的品牌联想），这两者举足轻重且密不可分，共同构成了品牌资产的来源。打造强势的彩票品牌，本质上就是要从品牌认知和品牌形象这两个维度出发，创建优质的彩票品牌资产。

2.3.2 建立深度的彩票品牌认知

2.3.2.1 什么是品牌认知

品牌认知是由品牌再认和品牌回忆构成的。品牌再认（brand recognition）是指，消费者在通过品牌暗示和线索确认之前见过该品牌的能力。换句话说，当顾客来到商店时，他们是否有能力辨别出哪些品牌是他们以前见过的。品牌回忆（brand recall）是指在给出品类、购买或使用情境作为暗示的条件下，消费者在记忆中找出该品牌的能力。比如，当消费者发现自己有头屑，想买去屑洗发露时，首先想到的是海飞丝这一品牌。再比如，当消费者路过福彩店临时想买一注彩票时，他可能就会回忆起以前曾经买过的大乐透。

研究表明，当消费者是在销售点做出购买决策时，由于产品的品牌名称、标识、包装等元素清晰可见，因此，品牌再认非常重要。但如果消费者不在销售点做出购买决策，则品牌回忆将起关键作用。

2.3.2.2 品牌认知的效用

建立深度的品牌认知可以获得三方面的优势：印象优势、入围优势和入选优势。

（1）印象优势。品牌认知影响品牌联想的构成及强度。为了创建品牌形象，需要在消费者记忆中建立品牌节点。品牌节点的属性对消费者如何简便地学习和储存品牌联想信息具有影响作用。因此，建立品牌资产的第一步是在顾客心智中将品牌"登记挂号"。所以新的彩票玩法在上市时，要先进行告知宣传，在目标消费者心目中留下印象。

（2）入围优势。无论消费者在何时进行购买决策，都必须考虑备选的品牌。提高品牌认知能增加该品牌进入品牌入围集的概率。品牌入围集（consideration set）是指购买决策中被考虑的品牌集合体。大量研究表明，消费者很少忠实于一个品牌，相反，他们在购买时会考虑和选择一系列的品牌，同时也经常少量购买其他系列的品牌。但消费者考虑的品牌通常只是一小部分，所以确保某一品牌进入入围集，是可能被消费者选择的前提。这样也降低了其他品牌得到考虑或被回忆起来的概率（Roediger，1973）。

（3）入选优势。建立深度品牌认知的第三个好处在于，它能够影响消费者在品牌入围集中所做的筛选，即便那些品牌在本质上没有其他的特殊联想（Adaval，2003）。例如，在某些情况下，消费者只是习惯性地购买那些熟悉的、被人们接受的品牌。因此，在低介入度的购买情境中，即使缺乏对产品的了解，较低水平的品牌认知也许就足以做出产品选择。比如，一个人第一次跟朋友进入福彩店购买彩票，他很可能只是因为以前听朋友提起过大乐透，所以就想随便买一张尝试一下。

我们可以用精细加工可能性模型（Petty & Cacioppo，1981）来进一步解释。精细加工可能性模型是体现由于态度改变或劝说所产生影响的模型，它与以下情况具有一致性，即当消费者在介入度较低的情况下购买时，他们会在品牌入围集的认知基础上进行品牌选择。低介入度是源于消费者缺乏购买动机（例如当消费者对产品或服务并不关心时）或购买能力（例如当消费者对某一种类的品牌一无所知时）。当然，当消费者介入度高时，单凭品牌认知不足以促成消费者购买，还必须要让消费者建立更加积极的品牌联想。

（1）消费者的购买动机。尽管品牌和产品对于营销者来说是十分重要的，但对于大多数消费者来说，在许多类别中选择品牌并不是在做生死抉择。例如，市场上牙膏品牌众多，除了清洁口腔外，很多品牌从不同角度大打功能牌，包括防龋防蛀、抗菌、消炎、止血、清火、美白、抗过敏等。但消费者可能对此并不深度加工，或不认为产品上有多大的差异。如果一个消费者对彩票不感兴趣，觉得它只是一个小概率事件，那他必然缺乏足够强的购买动机。即使偶一为之，也不会认真投入。目前不论是体彩还是福彩，都面临着开发新的彩民群体特别是高端彩民的课题，如何唤醒和提升目标群体的购买动机，是一个重要的思考方向。

（2）消费者的购买能力。购买能力并不一定是经济上的。在一些品类中，尽管消费者有消费能力，但由于缺乏基本知识或经验，他们无法判断产品的质量。最明显的例子就是那些高新技术产品。即便是复杂程度相对较低的产品，消费者也可能会无法判定产品质量（例如从未洗过菜做过饭的大学生第一次进入菜市场买菜），原因就在于如果消费者此前没有大量的经验，就很难对产品质量做出判断。那么消费者如何决策？这时，他们会采用任何可能的捷径或者能启发自己的方法去选择出感觉最可行、最佳的方案，从而做出决定。有时，消费者就会简单地选择他们最熟悉或最常听见的品牌。同样，当一种新的彩票玩法上市时，首先要做游戏规则和玩法的宣传推广，帮助目标消费者尽快建立相关知识，让他们有能力进行分析和做出购买决策。

（3）建立彩票品牌认知的途径。从理论上来说，品牌认知是通过不断展示从而增加品牌熟悉程度来创建的。消费者通过看、听、想，对品牌的了解越多，品牌在记忆中就会越牢固。

因此，彩票品牌名称、符号、商标、特点、包装或者标语的暴露、广告、促销、赞助、事件营销、公共关系活动等及其传播，都能提高人们对其品牌元素的熟悉程度及其知名度。此外，可强化的品牌元素越多越好。例如，除了名字之外，还可以通过色彩、符号、音乐、相关事件等来强化消费者对彩票品牌的认知。重复能深化品牌再认。此外，还需要将彩票与其他购买、消费暗示进行连接，在不同场景中启动品牌认知和购买意向。

彩票渠道也是建立和强化彩民对彩票品牌认知的重要途径。以美国为例，美国各州有独立发行的彩票，也有多州联彩票，游戏种类繁多，被称为世界头号彩票大国。美国彩票一般都是在便利店、加油站以及超市出售。在美国，只要是位于交通要道并具有相对较长的营业时间的各种场所，均可作为彩票销售网点。在便利店、加油站、超市等场所销售彩票，增加了彩票品牌的曝光率，且消费者在购物时看到彩票，容易激起临时购彩动机，促成购买，有利于建立彩票品牌认知，促进购彩体验。

2.3.3 建立积极的彩票品牌形象

2.3.3.1 建立积极品牌形象的途径

积极的品牌形象是通过营销活动将强有力的、偏好的、独特的联想与记忆中的品牌联系起来而建立的。品牌联想可以是品牌属性，也可以是品牌利益。

品牌属性（brand attributes）是指那些赋予产品或服务以特征的说明。品牌利益（brand benefits）是指消费者赋予产品或服务的个人价值观和含义。比如，"安全"可以算是沃尔沃汽车的品牌属性，"尊贵"就可以理解为劳斯莱斯汽车的品牌利益。彩票是一种以筹集资金为目的发行的，印有号码、图形、文字、面值的，由购买人自愿按一定规则购买并确定是否获取奖励的凭证。体育彩票的品牌属性对于消费者来说，可能意味着"由国家体育总局体育彩票管理中心发行""网点分布广泛""购买便利""与体育赛事和体育事业相关度高"等；而消费者所感受到的体彩品牌利益则可能包括了"希望""善"，当然也可能有人将其理解为"可能一夜暴富"。

消费者通过多种方式形成关于品牌属性和品牌利益的信念，包括通过营销活动以外的多种方式形成品牌联想，如直接经验、网络浏览、商业或者客观报道等渠道的信息、口碑传播、品牌自身的暗示（如名称或商标），以及公司、国家、分销渠道或其他特殊人物、地点、事件所导致的品牌识别。营销者应该认识到这些信息来源的重要性，既要尽可能地将它们管理好，又要适当利用它们来设计相应的营销传播战略。

总之，为了建立基于顾客的品牌资产，需要形成顾客的差异化反应。营销者需要确认品牌联想不但是正面积极的，而且是独特的、竞争品牌所不具有的。

案例 2-1 公益体彩快乐操场

广受孩子家长好评，收到社会各界无数点赞的"快乐操场"项目在 2011 年发轫于河北体彩，2012 年国家体彩中心将其隆重推向全国。和其他体彩公益活动一样，"快乐操场"也致力于"雪中送炭"。在受捐学校的筛选上，各地体彩中心也主要选择贫困、偏远、民族特色、城市留守儿童学校，及社区残障儿童康复学校等。筛选时重点考虑学生人数较多、条件艰苦的学校，为他们送去极度匮乏的体育器材及公益体育课。

体育运动对于孩子性格养成有着非常重要的作用。丰富多彩的体育课堂也应该是每一个孩子童年最精彩的回忆之一。随着"快乐操场"的公益脚步，丰富多样的体育器材被送到偏远农村的校园，让那里的孩子享受到体育运动带来的快乐。"公益体彩　快乐操场"惠及的学生人数超过百万人。从一些受捐学校的回访中我们真切感受到学生们对那些体育器材、用品的喜爱与珍惜，体育运动真正丰富了他们的童年。

资料来源：2020年2月15日《中国体育报》08版。

案例思考：

（1）体彩的"快乐操场"活动对体育彩票品牌形象有何积极影响？

（2）应该如何进一步提升该活动的这种影响力？

2.3.3.2　品牌联想的强度

如果顾客能够仔细考虑产品信息并把这些信息联系到现有的产品知识上，就会使品牌联想变得更强有力。但这并不容易达成。使这种联想不断增强的因素有两个：一是个人对产品信息的关注程度；二是产品信息宣传的密度。有些特定的品牌联想不仅要依靠联想的强度，同时取决于品牌现有的暗示和选择品牌的情境。

人们最直接的体验是创造优秀的品牌属性和品牌利益的重要信息来源。当然这要求消费者能够准确地表达出他们的体验，这就形成了所谓的口碑。口碑对于餐饮、娱乐、个人服务以及在线业务来说尤为重要。星巴克、谷歌、红牛和亚马逊都是典型的例子，它们在没有进行密集性广告活动的情况下，创造了强有力的品牌形象。不能不说，消费者口碑发挥了重要作用。

基于公司影响的信息源，比如广告，建立的品牌联想通常最为微弱，并会经常发生变化。但企业却必须依赖于它。因此，营销传播方案应注重创意，使消费者思考与品牌有关的信息，并把这些信息和现有的品牌知识巧妙地结合起来；也可以让消费者和品牌宣传持续接触，并确保这些接触点成为提醒顾客的暗示信息。

2.3.3.3 品牌联想的偏好

建立消费者偏好的品牌联想，是要让消费者确信品牌所具有的属性和利益能满足他的需求，从而使消费者形成正面的整体品牌评价。消费者既不会将所有的品牌联想等同视之，也不会在不同购买情境下对某一品牌一视同仁。品牌联想会受购买场合或情境的影响，并且随顾客的购买动机而发生变化。特定品牌联想在某一场合价值连城，但换个场合也许就会一文不值。

比如，当提到顺丰快递时，进入消费者大脑的相关品牌联想也许就是"快速""可靠"以及"黑色的顺丰 SF 字样的包装"。尽管包装颜色对于品牌认知举足轻重，但在实际选择快递业务时，顾客并不会十分关注包装的颜色。而快速、可靠的服务对于消费者的选择更加重要。另外，换一种情境，如果消费者只是需要一个差不多的递送服务，那么他们可以考虑其他较为便宜的选择如圆通快递、天天快递等。

2.3.3.4 品牌联想的独特性

品牌定位的本质在于，该品牌具有持续的竞争优势或"独特的销售主张"，这是消费者购买该品牌产品的主要原因。营销者可以通过与竞争对手直接对比，来清晰地传达这种独特的差异。他们也可以间接地将其传达出来。这种差异可以与产品属性和利益相关，也可以与非产品属性和利益相关。也要看到，尽管独特的品牌联想对于一个品牌的成功来说至关重要。但某品牌也很有可能共享其他品牌的联想，除非这一品牌没有竞争者。共享的品牌联想功能之一就是，将有助于建立品类成员，同时定义与其他产品和服务之间的竞争边界。比如，百事可乐和可口可乐尽管各自强调自己的品牌定位，但对消费者来说，两者都是可乐。

产品或服务的品类可以共同拥有一系列品牌联想，包括对品类中任何品牌的特定信念以及品类中所有成员的共同态度。这些信念可以包括与产品质量相关的属性，如消费者可能会觉得喝可乐可以提神，也可能会觉得可乐不够健康；也可以包含与产品或服务的质量没有必然联系的描述性特征，如可乐是黑色的。

由于品牌与品类紧密相连，所以对品类的态度是影响消费者反应的重要决定因素。在很多情况下，某些品类的联想会影响到该品类中的所有品牌。比如，如果消费者认为彩票是只有做白日梦的人才会去买的东西，那他可能对任何一种彩票玩法都持相似的负面态度。

∗案例 2 - 2 ∗ 英国国家彩票更新品牌 LOGO

2015 年 4 月，英国国家彩票发布了新款的品牌标识，如图 2 - 1 所示，该标识将用于英国国家彩票及其游戏组合。之所以做出品牌 LOGO 的调整，是为了不断发展和创新品牌，以确保与复杂的、竞争性不断增加的彩票市场保持联系，并参与其中。

旧　　　　　　　　　　新

图 2 - 1　英国国家彩票的新旧 LOGO 对比

资料来源：英国国家彩票官网，https：//www. national-lottery. co. uk/。

案例思考：

（1）品牌 LOGO 对建立品牌认知和品牌形象的作用？

（2）其实英国国家彩票的 LOGO 并没有发生根本的变化，比如核心标识仍然是"交叉手指"（通常表示祝福）图标，只是做了一些微调。请问这样做的意义何在？

（3）英国国家彩票更换 LOGO，是为了让彩民，特别是年轻彩民，对英国国家彩票建立什么样的品牌联想？

2.4　四部曲：打造优秀彩票品牌的步骤

一般来说，要打造强势品牌，本质上需要依次回答四个基本问题。

（1）这是什么品牌？（品牌识别）

（2）这个品牌的产品有什么用途？（品牌含义）

（3）我对这个品牌产品的印象或感觉如何？（品牌响应）

（4）你和我的关系如何？我们之间有多少联系？（品牌关系）

彩票品牌也不例外，创建优秀彩票品牌需要遵照如表 2 - 1 所示的四个步骤，且每一步都是基于前一步成功的基础之上。

表 2 - 1　　　　　　　　　　打造优秀彩票品牌的步骤

步骤	应解决的重点问题	品牌建设的阶段性目标
第一步	品牌识别	要令消费者建立深厚的、广泛的品牌认知
第二步	品牌含义	它有什么用？厘清品牌的差异点和共同点
第三步	品牌响应	消费者对它的感觉如何？建立积极的反应
第四步	消费者—品牌关系	实现品牌忠诚

2.4.1　建立和强化彩票品牌识别

有效的品牌识别是品牌可能对消费者发生作用的基础和前提，这一阶段的主要工作也就是要建立和强化品牌认知。

2.4.1.1　品牌显著度

品牌认知是在不同情形下顾客回忆和再认出该品牌的能力，并在记忆中将品牌名称、标识、符号等元素与具体品牌联想联系起来。也可以用品牌显著度来测量。品牌显著度（brand salience）测量了品牌认知程度的各个方面，如在不同情形和环境下，品牌出现的频率如何？品牌能否很容易被回忆或认识出来？需要哪些必需的暗示或提醒？品牌的认知程度有多高？比如，在很多情况下，当双色球的 LOGO 出现在彩民面前时，他们都能认出它。而且当提及福利彩票时，很多彩民也会联想到双色球。这说明双色球有比较高的品牌显著度。

2.4.1.2　品类结构

品类结构也可以帮助识别目标品牌。品类结构（product category structure）表明了产品类别在消费者记忆中是如何被组织起来的。一种典型的形式是，产品被分为不同级别的种类，并且以层级方式被组织起来。比如，常常第一层次是产品信息，第二层次是产品类别信息，第三层次是产品型号信息，最后一层是品牌信息。例如，对一个彩民或彩票研究者来说，可能会将国内的彩票首先分为福利彩票和体育彩票；其中在体育彩票下面又具体分为竞彩彩票和非竞彩彩票；而竞彩彩票下面又分为足球竞猜、世界杯竞猜等。

在人们脑海中长期存在的品类等级，对品牌认知、品牌考虑集和消费者的购买决定有着重要影响。比如，人们经常采用自上而下的方式进行决策。彩民可能首先考虑买福彩还是体彩，如果买体彩的话是买竞彩还是非竞彩，如果买竞彩则又可能选择买足彩。当然，如果正值世界杯期间，在铺天盖地的相关资讯的氛围下，一个竞彩彩民要不去考虑购买世界杯彩票几乎是不可能的事。

需要注意的是，在不同的顾客中，品类划分的标准和结果可能是不同的，例如，一个彩民可能将彩票分为好玩的还是不好玩的、大奖吸引力高的或者低的、适合自己玩的还是和朋友一起买的，这些品类划分标准的不同，会导致其对具体彩票品牌认知的不同。

2.4.2　厘清并有效传达彩票品牌的含义

营销者还需要战略性地把有形、无形的品牌联想与特定资产联系起来，在消费者心智中建立稳固、完整的品牌含义。具体来说，彩票品牌含义包括了品牌功用和品牌形象两部分。

2.4.2.1 彩票品牌功用

对于彩票产品，玩法本身是彩票品牌资产的核心。彩票品牌功用（brand performance）是指彩票玩法或服务满足消费者功能性需求的程度。每种玩法的不同等级奖金情况，开奖是否公平，公益金使用是否透明，服务的便利性，服务的效果、效率及情感，投注站风格与设计，价格等，都会影响消费者对彩票品牌功用的认知。

2.4.2.2 彩票品牌形象

品牌形象是指人们如何从抽象的角度，而不是从现实的角度去理解一个品牌。因此，品牌形象更多的是指品牌的无形元素。顾客可以从自身经历中直接形成品牌形象联想，也可以通过广告等其他信息渠道（如口碑）间接形成品牌形象联想。以下四个方面对彩票品牌形象至关重要。

（1）用户形象。一类品牌形象联想由使用该品牌的个人或组织形成。这种品牌形象一般会在现实用户或更多的潜在用户中产生心理图景。对彩票而言，哪些人在购买彩票，这些人群画像如何，会影响社会公众对彩票品牌的评价，影响潜在彩民愿意去进入彩票市场的可能性。

（2）购买情境。人们会在何种情境下去购买彩票？在中国，目前大多数彩民是进入投注站进行专门的有计划的购买，而在美国，很多人是在便利店、加油站、超市等消费时顺带购买。这是否意味着，中国彩民很容易成为一个特别的群体，而相比之下，美国彩民的身份可能跟其作为普通消费者的身份会更加融合。

（3）个性与价值。通过顾客体验或营销活动，品牌也同样传递出个性特质或人类价值。品牌如人，会呈现"时尚""守旧""活力四射""怪诞"的个性。品牌个性的五个维度（Aaker，1997）分别是：真诚（如朴实、诚实、健康、愉快），激情（如勇敢、富有想象力），能力（如可靠、睿智、成功），老练（如高端、有魅力），粗犷（如外向、硬朗）。

目前，还很少有彩票品牌做到能表现出人格特质。这也说明了彩票品牌打造的层级还处于比较低的阶段。

（4）历史、传统及体验。对品牌历史及一些特定的重要事件容易产生品牌联想。例如，在营销活动中，产品或包装的颜色、生产该产品的公司或人、产品的原产国、产品销售的商场类型、品牌赞助的事件、品牌代言人等，都会产生品牌联想。

案例 2－3　英国奥运成绩与英国国家彩票

2016 年 8 月 22 日，里约奥运会正式落下帷幕。在最终的奖牌榜上，美国以 46 金排名第一，英国 27 金排名第二，中国 26 金排名第三。在该届奥运会上，英国的表现十分突出，获得 27 枚金牌，总奖牌数量达到 67 枚，比之前英国自己定下的 48 枚奖牌的预期，超出了 19 枚。在里约奥运会官方网站上，也是对英国队此次的优秀表现进行了分析。而英国之所以能异军突起，英国国家彩票的功劳不可忽略。而在 20 年前，在 1996 年的亚特兰大奥运会上，英国仅仅获得 1 枚金牌，排名第 36 位。

英国队自亚特兰大奥运会后的进步，绝非偶然，这是英国多年对高效能运动项目持续投资的结果：在过去的四年间，英国政府和国家彩票对夏季奥运会及运动员们资助了 2.74 亿英镑（约合人民币 23.4 亿元），还有 7200 万英镑（约合人民币 6.15 亿元）用于资助夏季残疾奥运会。而大约 3/4 的资助资金，都是来自英国彩票。

英国体育首席执行官利兹·尼克尔，在 2012 年伦敦奥运会的年度总结报告中指出："是英国国家彩票的玩家们，改变了英国优秀运动员们的未来，让我们在奥运会和残奥会上的表现越来越强，我们的奖牌数量也在急速上升，我们整个国家都为之感到自豪。"

资料来源：人民日报海外版官网，http：//m. haiwainet. cn。

案例分析：

每一届的奥运会均举世关注，而英国奥运成绩的后来居上更是极具话题性和显著性的事件。英国国家彩票对英国奥运成绩的贡献以及官方的认可，极大地肯定了英国国家彩票的价值，这自然有助于形成独特的积极的品牌联想。

2.4.3　追求积极的彩票品牌响应

品牌响应（brand responses），可以通过品牌判断或者品牌感受来区分，即是否源自"脑"或发自于"心"。

2.4.3.1　品牌判断

品牌判断（brand judgements）主要是指顾客对品牌的个人喜好和评估。它涉及消费者如何将不同的品牌功用与形象联想结合起来以产生不同的看法。例如，一个彩票玩法如果游戏设计有趣、返奖率高、开奖公平、兑奖方便，这就会促使消费者对它形成积极的品牌判断。消费者去到一家投注站，看到室内装修一般，一些彩民还在里面吸烟导致环境很差，那他就会对彩票这个行业产生负面的判断。但如果店内设施良好，干净整洁，服务热情，管理规范，那就有助于人们对彩票行业产生积极的判断。

2.4.3.2　品牌感受

品牌感受（brand feelings）是指消费者在感情上对品牌的反应。品牌的市场营销战略或其他手段能够激发起怎样的感受？品牌是如何影响消费者对自己的感受以及他们与别人之间的关系的？当然，这些感受可能是温和的，也可能是激烈的；可能是正面的，也可能是负面的。

实践中，营销者可能会尝试提供不同的品牌感受，这为彩票品牌营销提供了很好的借鉴。

（1）温暖感。品牌能让消费者有一种平静或者安详的感觉。消费者可能对该品牌怀有感伤、温暖或者是挚爱的心情。

（2）乐趣感。品牌能让消费者感到有趣、轻松、开心、好玩、愉悦等。

（3）兴奋感。品牌让消费者充满活力，并感到他们正在做一些特别的事情。那些能唤起消费者兴奋感的品牌可以让他们感到欢欣鼓舞，觉得自己很酷、很性感等。

（4）安全感。品牌能给予消费者安全、舒适和自信的感觉。通过使用该品牌，消费者不再感觉到以往的不安和焦虑。

（5）社会认同感。消费者能感受到周围人对自己的认同。而这种认同可能源于对品牌的认可和使用。

（6）自尊感。品牌能让消费者觉得自己很优秀，他们会有一种自豪感和成就感。

上述六种感受类型可分为两大类别：前三种类型的感受是即时的和体验性的，其强度会不断增加；后三种类型的感受是持久性的和私人的，其重要性会不断增加（凯文·莱恩·凯勒，2014）。这些可以为促成积极的彩票品牌感受提供很好的参考。目前，一些彩票玩法在乐趣感和兴奋感方面的设计上是比较成功的，但是在安全感、社会认同感、自尊感等方面，彩票品牌感受还存在不足。

2.4.4 实现积极的彩票品牌共鸣，打造品牌忠诚

打造优秀彩票品牌的最后一步是促进消费者与彩票品牌建立长久的深层次的关系，实现品牌共鸣。品牌共鸣（brand resonance）是指顾客感受到与品牌同步的程度。具有高度品牌共鸣的品牌有哈雷戴维森、苹果等。

品牌共鸣是通过顾客与品牌的心理联系的深度和强度来衡量的，同时也通过他们的行为形成的品牌忠诚来体现（比如重复购买率、顾客搜寻品牌信息的程度以及其他忠诚的顾客群）。我们可以将品牌共鸣的这两个维度分解为以下四个方面：行为忠诚度、态度依附、社区归属感和积极参与。

（1）行为忠诚度（behavioral loyalty）。行为忠诚可以用品类份额来衡量，即通过消费者重复购买该品牌占同一品类的份额来衡量，它表明了顾客购买一个品牌的频率及数量。从财务角度来看，品牌必须具有足够的购买频率和数量。比如，一个彩民购彩双色球在其日常购彩中的频率和所占的份额，表明了他对双色球这一彩票品牌的行为忠诚度。

（2）态度依附（attidudinal attachment）。行为忠诚对产生品牌共鸣来说是必要条件，但不是充分条件。品牌共鸣要求强烈的个人依附（attachment）。广义而言，顾客除了具有积极的品牌态度外，还会产生特殊的情感。

（3）社区归属感（sense of community）。在品牌社区内，顾客基于品牌而

相互之间形成关联。品牌社区可以是在线的，也可以是线下的。品牌社区的概念对彩票品牌管理具有重要意义。一方面是因为国内彩票销售的主要渠道仍然是通过实体投注站，有建设品牌社区的线下基础；另一方面是由于今天人们普遍通过在线方式沟通和交流，对建立彩票与彩民之间的关联具有便利的线上条件。但要将这些基础和条件真正转化为彩民的归属感，还有很大的距离。

（4）积极参与（active engagement）。最显著的品牌忠诚，表现为消费者自发地愿意投入的时间、精力、金钱以及其他超越购买该品牌所必需的花费。在彩票市场中，这样的现象反而并不少见，彩票店里不乏见到每天打卡研究彩票的彩民，有些投入甚至超出了自己的经济承受能力。但这种非理性购彩并不利于其自身，乃至整个行业的发展。真正的彩票品牌忠诚应该是建立在对彩票产品比较理性的认知和理解的基础之上。

＊案例2－4＊　有故事的球

2020年，中国福利彩票发行管理中心官方网站发布了一条短视频，叫作《有故事的球》，如图2－2所示。用拟人的手法，从数据出发，说明这个"球"为社会公益所做的贡献，并列举了它所创造的多个"第一"：第一次诞生亿元大奖、第一个全国统一奖池、第一个直播开奖、第一个邀请公众现场见证开奖……最后揭晓谜底，这个有故事的球是什么球？它就是双色球。通过这种讲故事的方式和简单有趣的动画设计进行双色球品牌传播。

图2－2　双色球短视频——有故事的球

资料来源：中国福利彩票发行管理中心官方网站，http://www.cwl.gov.cn/。

案例思考：

（1）双色球的这个短视频是如何去争取品牌共鸣的？

（2）双色球如果要达到更好的品牌共鸣，你还可以提供哪些策略建议？

＊案例 2－5＊ 西班牙彩票到底"牛"在哪儿？

2019 年 12 月 22 日，西班牙圣诞彩票（Spain Christmas Lottery）在马德里皇家剧院（Royal Theatre）举行抽奖直播，头奖号码为 26590，本次返奖总额超过 23.8 亿欧元，约合人民币 180 多亿元，吸引了全世界的目光。

返奖奖金总计达 23.8 亿欧元

西班牙圣诞彩票是一款传统型的排列 5 游戏，号码为 00000~99999 这 10 万个数字组合，这 10 万个组合构成了 10 万张彩票，每张票里包含了 10 组相同 5 位数号码，每张售价 200 欧元。

游戏采用按套（serie）销售的方式，每年发行的套数由西班牙彩票管理局决定，10 万张为一套，每套售价共计 2000 万欧元。套数的多少根据每年的发行量、分组数量和奖金规模进行调整，今年的套数定为 170 套，总额达 34 亿欧元，其中 70% 用于返奖，也就是说，返奖奖金总计达 23.8 亿欧元，是目前全世界所有彩票游戏中头奖奖金最多、中奖面最大的传统型彩票游戏。

西班牙人的全民游戏

西班牙圣诞彩票于 1812 年 3 月 4 日首次开奖，至今已有连续 200 余年的销售传统。目前，圣诞彩票于每年的 7 月中旬开售，每年 12 月 22 日开奖，销售时间持续近半年。

2019 年 7 月 12 日，西班牙彩票和博彩管理局主席杰赛斯（Jesus）在宣布开售的时候说，正是"分享精神"让圣诞彩票在西班牙备受欢迎，历经 200 多年而经久不衰，可谓一语中的。

圣诞彩票每张 200 欧元的售价确实有点高得令人咋舌，但圣诞彩票的巧妙之处就在于——拆分式销售，将每张彩票拆成十份，购彩者可以购买"十分之一票"（décimos），只需 20 欧元就可参与游戏，如果这张票中了奖，那么奖金同样也是中奖金额的 1/10。

如果按照 170 套的发行量计算，中奖票里包含的「十分之一票」的数量是 1700 张，假设有 1700 人分别购买了这组和开奖号码相同的彩票，那么最后，这 1700 名购彩者就是当年开出的头等奖的获得者。

这样的游戏规则设计，使得西班牙人都是一个村庄、一个社区，或者一个公司的人们一起来合买，一旦中奖，往往会有数十名中奖者。在西班牙，圣诞彩票近年来的全民参与率均超过 75%，是名副其实的全民彩票。

独特的开奖仪式

每年 7 月，圣诞彩票开售后，关于圣诞彩票的广告也随即频繁出现在电视、广播、电影院、平面媒体和户外广告牌上，是一种西班牙整个社会都在关注的游戏，对每个西班牙人都有非同寻常的意义。

而圣诞前夕的开奖仪式，更是相当于中国的春晚，西班牙人会和家人、朋友聚在电视机前，观看三个多小时的直播，见证幸运大奖的诞生。

工作人员将这些写好数字的小球放入摇奖大球中。每产生一个中奖号码，数字会由专门的票童唱票，仪式感十足。

按照惯例，中奖者也会回到购票地，开启一瓶卡瓦酒庆祝。大奖得主也会到专门的商店，买回被摇中的小球，作为中奖纪念。

资料来源：中国福利彩票发行管理中心官方网站，http://www.cwl.gov.cn/。

案例思考：

（1）为什么西班牙圣诞彩票能够促进"合买"？

（2）西班牙圣诞彩票除了本身产品设计外，还有哪些值得借鉴的品牌策略？

参考文献

[1] Aaker J L. Dimensions of Brand Personality [J]. Journal of Marketing Research, 1997, 34 (3)：347 - 356.

[2] Adaval R. How Good Gets Better and Bad Gets Worse：Understanding the Impact of Affect on Evaluations of Known Brands [J]. Journal of Consumer Research, 2003, 30 (3)：352 - 367.

[3] Keller K L. Conceptualizing, measuring and managing customer based

brand equity [J]. Journal of Marketing, 1993, 57 (1): 1 – 22.

[4] Petty R E, Cacioppo J T. Attitudes and persuasion: Classic and contemporary approaches. [M] // Attitudes and persuasion—classic and contemporary approaches, 1981.

[5] Roediger H L. Inhibition in recall from cueing with recall targets [J]. Journal of Verbal Learning & Verbal Behavior, 1973, 12 (6): 644 – 657.

[6] 凯文·莱恩·凯勒. 战略品牌管理 (第 4 版) [M]. 吴水龙, 何云, 译. 北京: 中国人民大学出版社, 2014.

第3章
彩票品牌定位

3.1　彩票品牌定位的概念

品牌定位（brand positioning）是指设计公司的产品服务以及形象，从而在目标顾客的印象中占有独特的价值地位（Phillip Kotler and Kevin Lane Keller，2012）。顾名思义，定位就是在顾客心智或者细分市场中找到合适的"位置"，从而使顾客能以"合适的"、理想的方式联想起某种产品或者服务。这一定义同样适用于彩票品牌定位。合适的彩票品牌定位可以阐明彩票品牌的内涵、独特性、与竞争品牌的相似性，以及消费者购买并使用本品牌的必要性，这些都对彩票营销策略的制定具有重要指导作用。

确定品牌定位需要确定一个参照结构（通过确立目标市场和竞争的性质）以及最优的品牌联想的异同点。也就是说，有必要确定：（1）目标顾客；（2）主要竞争对手；（3）本品牌和竞争品牌的相似性；（4）本品牌和竞争品牌的差异性。后面几节将依此对彩票品牌定位涉及的主要工作步骤和方法进行探讨。

3.2　彩票市场细分

进行彩票市场细分是为了明确目标市场，也就是要确定目标顾客。不同的消费者可能拥有不同的彩票品牌知识结构，因此品牌感知和品牌偏好各不相同。要明确目标市场，先要进行市场细分，然后再在细分出的小市场中选择合适的目标市场。市场细分就是组织根据自身的条件和营销意图，以需求的某些特征和变量为依据，区分具有不同需求的客户群体的过程。经过市场细分，在同类产品市场上同一细分市场的顾客具有较多的共性，不同细分市场之间的需求具有较多的差异性。

3.2.1　彩票市场细分的概念

彩票市场（lottery market）是指所有对彩票拥有购买欲望、具有购买能力并且能够买到彩票产品的现实和潜在的购买者的组合。彩票市场细分（lottery market segmentation），是指将彩票市场按消费者的相似性划分为若干不同的购买群体，因为每一群体中的彩民具有相似的需求和消费者行为，因此可以采用针对性的营销策略。比如，竞彩彩民群体就具有关注体育赛事和喜欢研究投注技巧的双重特征，这一细分市场需求的开发和满足直接促进了竞彩品牌的发展。

3.2.2　彩票市场细分的作用

（1）有利于发现市场机会。通过市场细分可以发现彩票市场中哪些需求已得到满足，哪些只满足了一部分，哪些仍是潜在需求。相应地可以发现哪些彩种竞争激烈，哪些彩种较少竞争，哪些彩种亟待开发。

（2）有利于掌握目标市场的特点。不进行市场细分，组织选择目标市场必定是盲目的；不认真地鉴别各个细分市场的需求特点，就不能进行有针对性的彩票营销。彩票营销必须清楚目标市场的需求特征，能有针对性地进行营销。

（3）有利于制定彩票营销组合策略。彩票营销组合是组织综合考虑产品、价格、促销形式和销售渠道等各种因素而制定的彩票营销方案，就某一特定市场而言，进行彩票营销的最佳形式组合只能是市场细分的结果。

（4）有利于提高彩票产品的竞争能力。市场细分以后，每一细分市场上各彩种的优势和劣势就明显地暴露出来，只要看准市场机会，利用竞争者的弱点，同时有效地开发更能满足彩民需求的彩种，就能获得更多的竞争优势。

3.2.3 彩票市场细分的标准

市场细分标准可归纳为四大类：地理因素、人口统计因素、消费心理因素和消费行为因素。彩票市场也可以依照这些变量进行细分。

（1）按地理变量细分市场。即按照彩民所处的地理位置、自然环境来细分市场。具体变量包括：国家、地区、城市规模、气候、人口密度、地形地貌等。地理变量之所以可以作为市场细分的依据，是因为不同地理区域和环境下的彩民对于同一类产品往往有不同的需求与偏好，他们对企业采取的营销策略与措施有不同的反应。

比如，可以按照不同的省市来细分彩票市场，从而可能发现不同省市之间存在一些差异和特点。如广东珠海，由于其毗邻澳门，受到博彩文化的影响，一方面，很多新的彩种就更容易被广大彩民所接受；另一方面，也有可能会因毗邻澳门而影响彩票的销售，因为不少人会选择去澳门博彩而不是在珠海购买彩票。

（2）按人口统计变量细分市场。按人口统计变量，如年龄、婚姻、职业、性别、收入、受教育程度、家庭生命周期、国籍、民族、宗教等为标准细分市场。消费者需求、偏好与人口统计变量有着很密切的关系，比如，只有收入水平很高的消费者才可能成为高档服装、名贵化妆品、高级珠宝等商品的经常买主。人口统计变量比较容易衡量，有关数据相对容易获取，因此常被用来作为市场细分的重要依据。

①性别。由于生理上的差别，男性与女性在产品需求与偏好上有很大不同，如在服饰、发型、生活必需品等方面均有差别。在我国的彩民群体中，男性远远多于女性，这与很多因素都有关系，但女性彩民市场的开发也特别值得重视。

②年龄。不同年龄的消费者有不同的需求特点，如青年人对服饰的需求

与老年人的需求差异较大。在彩票市场中，不同年龄段彩民的需求也是不一样的。如在玩法上，年轻人容易接受更新更复杂的玩法，而老年人则可能更喜欢简单、容易掌握的玩法。

③收入。高收入彩民与低收入彩民在产品选择、休闲时间的安排、社会交际与交往等方面都会有所不同。正因为收入是引起需求差别的一个直接而重要的因素，在很多领域根据收入细分市场相当普遍。虽然目前中国的彩票消费人群已经基本有工薪、中产、高收入等各个层面，但是低收入的工薪阶层是彩票消费的主力人群。毫无疑问，从长远来看，高收入人群是支撑彩市的又一重要力量。

④职业与教育。按彩民职业的不同，所受教育的不同以及由此引起的需求差别细分市场。如由于彩民所受教育水平的差异所引起的审美观具有很大的差异，诸如不同彩民对居室装修用品的品种、颜色等会有不同的偏好。彩票市场细分时也应考虑不同职业与教育背景的彩民在彩票玩法和服务提供上有何不同的需求。

⑤家庭生命周期。一个家庭，按年龄、婚姻和子女状况，可划分为七个阶段：单身阶段、新婚阶段、满巢阶段 i 、满巢阶段 ii 、满巢阶段 iii 、空巢阶段、孤独阶段。在不同阶段，家庭购买力、家庭人员对商品的兴趣与偏好会有较大差别。家庭所处生命周期不同，经济购买力和财务安排都会有所差异，这也可能会对彩票购买的欲望和兴趣产生影响。

除了上述方面，经常用于市场细分的人口统计变量还有家庭规模、国籍、种族、宗教等。实际上，大多数营销者通常是采用两个或两个以上人口统计变量来细分市场。

（3）按心理因素变量细分市场。按照上述地理和人口等标准划分的处于同一群体中的彩民对同类产品的需求仍会显示出差异性，这可能是心理因素在发挥作用。根据购买者所处的社会阶层、生活方式、个性特点、购买动机等心理因素细分市场就叫心理细分。

①社会阶层。社会阶层是指在某一社会中具有相对同质性和持久性的群体。处于同一阶层的成员具有类似的价值观、兴趣爱好和行为方式，不同阶层的成员则在上述各方面存在较大的差异。如前所述，我国彩民构成中工薪

阶层占据主体地位，而其他像商人则相对较少购买彩票。

②生活方式。通俗地讲，生活方式是指一个人怎样生活。人们追求的生活方式各不相同，如烟草公司针对"挑战型吸烟者""随和型吸烟者""谨慎型吸烟者"推出不同品牌的香烟，均是依据生活方式细分市场。在彩票市场中，彩民的生活方式也有较大的差异，也可以此作为市场细分的依据。

③个性。个性是指一个人比较稳定的心理倾向与心理特征，它会导致一个人对其所处环境做出相对一致和持续不断的反应。俗语说："人心不同，各如其面"，每个人的个性都会有所不同。通常，个性会通过自信、自主、支配、顺从、保守、适应等性格特征表现出来。因此，个性可以按这些性格特征进行分类，从而为细分市场提供依据。彩民的个性不同，必然也会导致其购彩行为的不同，比如有些可能是"冲动型"，有些可能是"坚持型"等。对于不同个性的彩民，在进行彩票营销时也应采取不同的方法。

④购买动机。即彩民是出于什么样动机，为了什么目的而进行购买。如前所述，我们按照彩民的购彩动机，可将彩民分为公益型、中大奖型、娱乐型等不同类型，对于具有不同购彩动机的彩民，应该研发不同的彩票产品，并制定不同的营销策略。

（4）按行为变量细分市场。根据购买者对产品的了解程度、态度、使用情况及反应等将他们划分成不同的群体，叫作行为细分。许多人认为，行为变量能更直接地反映彩民的需求差异，因而成为市场细分的最佳起点。

①购买时机。根据彩民提出需要、购买和使用产品的不同时机，将他们划分成不同的群体。如有些彩民每天下班后购彩，有些彩民在发了工资后购彩，有些彩民在遇到有大规模促销宣传时购彩。

②追求利益。彩民购买某种产品总是为了解决某类问题，满足某种需要。然而，产品提供的利益往往并不是单一的，而是多方面的，彩民对这些利益的追求时有侧重。如有的彩民之所以选择购买某种彩票可能是因为其网点多、购买方便。彩民所关注和追求的利益到底为何，彩票营销者应通过市场调查进行了解。

③进入市场程度。根据顾客是否使用该产品或进入市场的程度细分市场。通常可分为经常购买者、首次购买者、潜在购买者和非购买者。这一方法对

于彩票市场细分很有价值，如按彩民进入市场程度，通常可以划分为常规彩民、初次彩民和潜在彩民。对于不同类型的彩民，应该有针对性地进行彩票产品的营销推广和宣传。

④使用数量。根据彩民使用某一产品的数量大小细分市场。通常可分为大量使用者、中度使用者和轻度使用者。类似地，可以将彩民分为大量购彩彩民、一般购彩彩民和偶尔购彩彩民。

⑤品牌忠诚程度。还可根据彩民对产品的忠诚程度细分市场。有些消费者经常变换品牌，另外一些消费者则在较长时期内专注于某一或少数几个品牌。通过了解消费者品牌忠诚情况和品牌忠诚者与品牌转换者的各种行为与心理特征，不仅可为组织细分市场提供一个参考，同时也有助于营销者了解为什么有些消费者忠诚本品牌，而另外一些消费者则忠诚于竞争品牌，从而为选择目标市场提供启示。在彩票营销的竞争同样激烈时，彩民的忠诚度应该是我们关注的一个重要变量。按照这一变量，可以将彩民分为"忠诚型""比较忠诚型""变动型"等。

⑥态度。不同消费者对同一产品或品牌的态度可能有很大差异，如有的很喜欢持肯定态度，有的持否定态度，还有的则持有既不肯定也不否定的无所谓态度。应针对持不同态度的彩民群体进行市场细分，并在产品设计、促销等方面采取差异化策略。特别是彩票营销的广告宣传，也应根据彩民对彩票产品的态度差异，制定不同的宣传策略，消减彩民的负面情绪，提升彩民的喜爱度。

3.2.4 彩票市场细分的原则

我们可根据单一因素也可根据多个因素对市场进行细分。选用的细分标准越多，相应的子市场也就越多，每一子市场的容量相应就越小。相反，选用的细分标准越小，子市场就越少，每一子市场的容量则相对较大。如何寻找合适的细分标准，对市场进行有效细分，在营销实践中并非易事。从彩票营销的角度看，并非所有的细分市场都有意义。所选择的细分市场必须具备一定的条件。

（1）可衡量性。即细分的市场是可以识别和衡量的，也即细分出来的市场不仅范围明确，而且对其容量大小也能大致做出判断。具体而言，该细分市场特征的有关数据资料必须能够加以衡量和推算。比如对于某一彩种，有多少人注重奖额大小，有多少人注重中奖概率，有多少人注重趣味性或智力性等。当然，将这些资料进行量化是比较复杂的过程，必须运用科学的市场调研方法。

（2）可进入性。即细分出来的市场应是营销活动能够抵达的，也即彩票发行及营销机构通过努力能够使产品进入并对彩民施加影响的市场。一方面，有关产品的信息能够通过一定媒体顺利传递给该市场的大多数彩民；另一方面，在一定时期内有可能将产品通过一定的分销渠道运送到该市场。否则，该细分市场的价值就不大。

（3）可盈利性。即细分出来的市场，其容量或规模要大到足以使组织获利。进行彩票市场细分时，彩票发行及营销机构必须考虑细分市场上彩民的数量，以及他们的购买能力和购买产品的频率。如果细分市场的规模过小，市场容量太小，细分工作烦琐，成本耗费大，获利小，就不值得去细分。

（4）可区分性。各细分市场的彩民对同一市场营销组合方案会有差异性反应，或者说对营销组合方案的变动，不同细分市场会有不同的反应。如果不同细分市场的彩民对产品需求差异不大，行为上的同质性远大于其异质性，此时就不必费力对市场进行细分。另外，对于细分出来的市场，彩票发行及营销机构应当分别制订出独立的营销方案。如果无法制订出这样的方案，或其中某几个细分市场对是否采用不同的营销方案不会有大的差异性反应，便不必进行市场细分。

3.2.5 彩票市场细分的程序

彩票市场的细分可以遵从以下步骤（胡穗华，2009）。

（1）选定产品市场范围。即确定进入什么行业，生产什么产品。产品市场范围应以顾客的需求，而不是产品本身特性来确定。对于彩票营销而言，行业和产品是基本确定的，但具体的产品特性可以是充满变化的。

（2）列举潜在彩民的基本需求。比如，彩票发行机构可以通过调查，了解潜在彩民对彩票的基本需求。这些需求可能包括高中奖率、好玩、简单、方便购买等。

（3）了解不同潜在彩民的不同要求。对于列举出来的基本需求，不同彩民强调的侧重点可能会存在差异。比如，中奖率高可能是所有彩民共同强调的，但是有的彩民可能特别强调其娱乐性，有的彩民可能会关注其公益性。通过这种差异比较，不同的彩民群体即可初步被识别出来。

（4）以特殊需求作为细分标准。抽掉潜在彩民的共同需求，而以特殊需求作为细分标准。如提高中奖率是每位彩民的要求，就不能作为细分市场的标准，因而应该剔除。

（5）划分子市场。根据潜在彩民基本需求上的差异方面，将其划分为不同的群体或子市场，并赋予每一子市场一定的名称。例如，可以将彩民分为赌博型、公益型、享受型、随意型等。

（6）对细分结果做进一步分析。进一步分析每一细分市场需求与购买行为特点，并分析其原因，以便在此基础上决定是否可以对这些细分出来的市场进行合并，或作进一步细分。

（7）估计每一细分市场的规模。即在调查基础上，估计每一细分市场的彩民数量、购买频率、平均每次的购买数量等，并对细分市场上产品竞争状况及发展趋势做出分析。

总之，市场细分是STP战略的第一步，也是最为基础的一步。只有清晰而准确地进行了市场细分，才能进入第二步——选择目标市场。

将整体彩票市场进行细分后，接下来就需要选择其中的一个市场作为自己的营销目标，所选中的市场即为彩票目标市场。彩票目标市场是彩票发行机构决定作为自己服务对象的有关市场（彩民群）。可以是某个细分市场，若干细分市场集合，也可以是整个市场。

﹡延伸阅读 3 - 1 ﹡　女彩民更理智

英国的一项研究发现，男性和女性买彩票的动机不同，女性彩民买彩更理智，喜欢"跟着感觉走"。广东省福利彩票发行中心对中奖者的分析也表明，中奖女彩民在奖金分配方面更实在。

1. 英女性买彩为改善生活。

英国的研究报告指出，男性和女性看待彩票不同：英国女性彩民买彩票是为改善生活质量，而不是改变生活，但男性彩民更多的是想开始新的生活。

在欧美国家，男、女彩民的比例旗鼓相当，在加拿大，女彩民的比例更高达51%。2006年，超过4000名英国人接受了辛普森调查。调查证实：只有不到半数的男性和女性是抱着中大奖的目的去买彩票；当谈到自己花钱的欲望时，男性更多的是要开始新的生活，21%的男性表示成为百万富翁后将不再工作，13%的女性盼望稍微改变，继续现有的生活方式，并有较大可能去度假。

英国心理学家戴安娜·道森指出："购买彩票后大家都会有强烈的思考，这是社会能够接受博彩游戏的原因之一。女性经常讨论为她们提供机会的梦想，大多数女性认为彩票有机会帮助她们的家人，或处理财务危机，以减轻负罪感和焦虑。"

2. 女性对奖金分配意向更理智。

广东省福利彩票发行中心近年来也留心男女购彩的区别，并对中奖者进行了分析研究。研究发现：在中奖后，男性中奖者80%将中奖资金进行实业投资，而女性中奖者则有90%将奖金用于买房出租或储蓄"吃息"。"女性彩民在中奖后更注重的是如何平均分配奖金，而男彩民则希望将大部分奖金进行投资。"该研究报告写道。

2007年爱玛·凯西博士对500名伦敦女性进行了调查，该调查提供了对于女性玩彩独特的见解——一个明智、审慎和理性的态度：她们能够更好地发挥奖金的作用，对家庭财政预算进行合理安排；女性认识到彩票也是一种博彩活动，很少上瘾。

3. 女性购彩决策喜欢跟着感觉走。

北京大学彩票研究所对彩票市场的一项调查显示，男女买彩的方式、习惯均有不同，女性购彩决策喜欢"跟着感觉走"。

参加这项调查的有1242名彩民，其中，男彩民有653人，女彩民有589人。近八成女彩民表示，选号时主要凭灵感甚至随机选号。第07121期广东惠州 1100 万元得主就是位女性，她随机挑选了"9 + 2"复式号码，由此成为广东第一位单注奖金 1100 万元头奖幸运儿。

女性彩民的选号地点和投注金额都有别于男性彩民。目前我国彩民的男女比例大概为 7:3。女性彩民投注百元以下的人居多，而男性彩民进行上百元投注的占大多数；女性彩民随意、小投入玩一玩的心态比较普遍，喜欢在家里选号，选定号码才到投注站购彩，一般在投注站逗留的时间很短，不少还是买完菜后顺便买彩的；男性彩民喜欢到投注站"蹲点"，一边喝茶抽烟一边研彩。

调查发现女性彩民有很大的发展空间。在有购买意愿又有购买能力但没有买彩的"潜在彩民"中，男性彩民占 51%，女性彩民占 49%。

资料来源：胡穗华等. 彩票营销学［M］. 北京：中国经济出版社，2009.

阅读与思考：

传统情境下彩票购彩者多为男性，一旦女性开始喜欢玩彩，加上其本身的动机更具平常心，更为健康和理性，这有利于彩票朝着"多人少买"的方向发展。不过，女性购彩者是不是又有不同的细分群体，她们的需求有差异吗？彩票如何才能更好地吸引女性购买呢？

3.3　彩票目标市场选择和营销战略制定

3.3.1　评价细分市场和选择目标市场

在对彩票市场进行细分之后，接下来就需要评价和选择目标市场。

（1）彩票细分市场的评价。选择目标市场的首要步骤是分析评价各个细分市场，即对各细分市场在市场规模增长率、市场结构吸引力和企业目标与资源等方面的情况进行详细评估。在综合比较、分析的基础上，选出最优化的目标市场。

①细分市场规模和增长率。这项评估主要是研究潜在细分市场是否具有

适当的规模和增长率。"适当的规模"是一相对的概念，取决于组织的实力和产品的竞争力。细分市场的增长率也是一个重要的因素，比如发行一种新的彩票产品，不仅要关注市场的容量，还要关注未来增长的可能性，考虑未来的市场空间。

②细分市场的结构吸引力。一个具有市场规模和增长率的细分市场，也可能缺乏盈利能力。运用著名管理学家迈克尔·波特的"五种力量模型"理论，决定一个市场或一个细分市场长期盈利能力的，有五个因素——行业竞争者、潜在进入者、替代品、购买者和供应者。在进行彩票细分市场分析时，也可采用这一模型。如分析某体育彩票产品在细分市场的长期盈利时，就需要考虑到福彩及相关产品、体彩的其他产品、可能的替代产品、彩民、彩票发行机构等因素。

③组织目标和资源。除了上述两个条件外，组织还要考虑自身的目标和所拥有的资源。某些有吸引力的细分市场，如果与组织的长期目标不适合，也只能放弃。对于一些适合组织目标的细分市场，必须考虑是否具有在该市场获得成功所需的各种营销技能和资源等条件。这些方面，在彩票发行机构计划发行某一新的彩票产品时需要考虑，在彩票销售网点制定营销策略时也应予以考虑。

（2）彩票目标市场的特征。经过对彩票细分市场的评价以后，才能正确地选择目标市场。所选目标市场应具有以下基本特征。

①可识别性。足以取得必需的资料，描述各个细分市场的轮廓，明确细分市场的概貌。

②可进入性。彩票发行机构足以有效地覆盖目标市场，进入该市场并有所作为。

③可盈利性。目标市场的购买力，足以使组织有利可图，能够实现预期的经济效益。

④可稳定性。目标市场及各细分市场的特征，在一定时期内能够保持相对不变。

参照以上标准，进行比较，然后选择符合彩票发行机构目标、资源和能力的目标市场。

3.3.2 彩票目标市场营销战略的制定

在选定彩票营销的目标市场之后，还需根据目标市场特点及组织自身条件，制定该目标市场的营销战略。市场营销理论中，目标市场营销战略通常分为三种：无差异营销战略、差异化营销战略和密集性营销战略。

3.3.2.1 无差异营销战略

实行无差异营销战略的彩票发行机构把整体彩票市场看作一个大的目标市场，不进行细分，用一种产品、统一的彩票营销组合对待整体市场。采取无差异营销战略时，意味着彩票品牌定位是针对整个彩票市场制定的。实行此战略的组织基于两种不同的指导思想。

第一种是从传统的产品观念出发，强调需求的共性，漠视需求的差异。因此，组织为整体市场生产标准化产品，并实行无差异的彩票营销战略。

第二种是彩票发行机构经过市场调查之后，认为某些特定产品的彩民需求大致相同或较少差异，因此可以采用大致相同的彩票营销策略。从这个意义上讲，它更加符合现代彩票营销理念。

采用无差异营销战略的最大优点是成本的经济性。不进行彩票市场细分，也相应减少了彩票市场调研、彩票品种研制与开发，以及制定多种彩票营销战略、战术方案等带来的成本开支。但是，无差异营销战略对彩票市场上绝大多数产品都是不适宜的，因为彩民的需求偏好具有极其复杂的层次，某种产品或品牌能够受到市场的普遍欢迎的情况是很少的。即便一时能赢得某一市场，如果竞争对手也都如此仿照，就会导致市场上某个局部竞争非常激烈，而其他部分的需求却没有得到满足。

随着彩票业的发展，无差异战略很难满足彩民的多样化需求，更需要的是差异化营销战略。

3.3.2.2 差异化营销战略

差异化彩票营销战略是把整体彩票市场划分为若干需求与愿望大致相同

的细分市场，然后根据彩票发行机构的资源及营销实力选择部分细分市场作为目标市场，并为各彩票目标市场制定不同的彩票营销组合策略。

采用差异化彩票营销战略的最大优点是可以有针对性地满足具有不同特征的彩民群体的需求，提高产品的竞争能力。但是，由于产品品种、销售渠道、广告宣传的扩大化与多样化，彩票营销费用也会大幅度增加。所以，无差异营销战略的优势基本上成为差异化市场战略的劣势。相对而言，我国彩票业更需要的是引入差异化竞争，通过市场细分，选择不同的目标市场，并开发不同的产品来满足目标市场需求。在这方面，国外在彩票的玩法和花样的开发上就充分注意到了多样化，值得我们学习。

采取差异化营销战略，意味着彩票品牌定位是针对特定目标群体而制定的。差异化成为彩票品牌定位制定时一个重要的考量因素。

3.3.2.3　密集性市场战略

密集性市场战略是在将整体市场分割为若干细分市场后，只选择其中某一细分市场作为目标市场。其指导思想是把企业的人、财、物集中用于某一个或几个小型市场，不求在较多的细分市场上都获得较小的市场份额，而要求在少数较小的市场上得到较大的市场份额。

这种战略也被称为"弥隙"战略，即弥补彩票市场空隙的意思，适合资源稀少的小的组织。由于目标集中，可以大大节省营销费用和增加盈利；又由于生产、销售渠道和促销的专业化，也能够更好地满足这部分特定彩民的需求，易于取得优越的市场地位。这一战略的不足是彩票发行机构承担风险较大，如果目标市场的需求情况突然发生变化，目标彩民的兴趣突然转移或是彩票市场上出现了更强有力的竞争对手，彩票发行机构就可能陷入困境。

采取密集性市场定位时，要求彩票品牌定位应聚焦于特定的"小微"市场，可以更准确挖掘并满足该市场目标群体的购彩需求。不过成本和风险确实是在运营时需要去考虑的。

3.4 彩票品牌竞争分析

要进行彩票品牌定位，在明确目标市场的基础上，还要进行竞争特性分析，并确定最优的品牌联想异同点。

3.4.1 彩票市场竞争特性分析

要准确地进行品牌定位，除了要进行市场细分和目标市场的选择，还必须对市场中的竞争特性有充分的认识。事实上，在选择目标市场时，就应该已经包含了对所关注的市场中竞争的充分考量。

彩票市场本身充满竞争。一个具体的彩票游戏品牌，要面临与其他彩票游戏品牌之间的竞争，比如福彩双色球和体彩的超级大乐透这两种玩法同属于乐透型产品，两者玩法相似。一些彩民会从更细节上的指标上去分析，比如奖池规模、中奖概率等。同时，彩票市场还面临来自其他市场或品类的竞争，比如澳门彩票就面临着赌场赌博、赛马和足球博彩的竞争。国内外彩票业都在不同程度上面临着私彩的竞争。

3.4.2 彩票品牌的异同点分析

要进行精准的品牌定位，还必须做一些更深入的分析。包括本品牌与同品类中其他品牌之间的异同点。彩票品牌也是一样。

3.4.2.1 差异点联想

差异点（points of difference，POD）是指品牌具有的一些属性和利益，是竞争对手无法达到的，或至少是无法达到相同程度的，且消费者对这些属性和利益具有积极、正面的评价。在现实生活中，消费者的品牌选择常常取决于感知到的品牌联想的独特性。比如，竞猜彩票对于中国彩民来说具有明显的独特性，其带来的价值是其他类型的体育彩票和福利彩票品牌所不能比拟的。

需要指出的是，差异点可能包括性能属性或性能利益，也可以来自形象联想。

3.4.2.2　共同点联想

共同点（points of parity associations，POP）是那些不一定为品牌所独有而实际上可能与其他品牌共享的联想。这些类型的联想有三种基本形式：品类型、竞争型和相关型。

第一种是品类型共同点联想（category points of parity），即那些在某一特定产品大类中消费者认为任何一个合理的、可信任的产品所必须具有的联想；也就是说，它们代表了品牌选择的必要但非充分条件。比如，不论是何种彩票品牌，人们对它们都具有这样的品类共同联想：彩票可能实现以小博大，尽管概率很低。

第二种是竞争型共同点联想（competitive points of parity），即那些用以抵消竞争对手差异点的联想。换句话说，如果某一品牌能在其竞争对手企图建立优势的地方与之打个平手，而同时又能够在其他地方取得优势，那么该品牌就会处于一个优势的竞争地位。比如，中国和美国都有乐透型彩票，但美国的大型乐透彩票的头奖，普遍实行奖金浮动制，所以，头奖在奖金滚存之后可能会达到一个非常庞大的数字，比如 2018 年美国超级百万（Mega Millions）开出接近 16 亿美元的大奖，震惊了全世界。而在我国，彩票的最高奖金额由国务院财政部门根据彩票市场的发展状况而定，奖金额不得高于 500 万元，因此，如果你想获得高于 500 万元的奖金的话，就必须进行多倍投注。因此，有一些彩民会通过美国的朋友代购美国的乐透彩票。当然这种做法存在很大的隐患。不过这说明了尽管同为乐透型彩票，但由于美国的这些大型乐透彩票头奖更高，对消费者的吸引力也因而大大增强。

第三种是相关型共同点联想（correlational points of parity），特别是指品牌一些正面联想可能与其他潜在负面联想相关。比如，彩票具有以小博大的可能性，这也很容易使人将彩票与"赌博"相关联，甚至将彩民与"赌徒"形象相联系。如何解决这一困境，是彩票行业管理者和营销者面临的一个现实课题。

3.5 彩票品牌定位的决策方法

3.5.1 最佳品牌定位决策的两个关键点

进行最佳品牌定位决策有两个关键点：（1）竞争参照框架的定义与传播；（2）选择并构建共同点和差异点。

3.5.1.1 竞争参照框架的定义与传播

竞争参照框架就是要确定与品牌竞争的品类成员，就如同娃哈哈集团推出非常可乐这个品牌时，消费者很容易理解它属于可乐这个品类，并且与可口可乐、百事可乐形成了竞争关系。在中国彩票市场，中国福利彩票和中国体育彩票构成了大的竞争框架，新开发的彩票游戏品牌则要在这个大的框架下寻求自己的定位。

当然，彩票机构还应该具有更开放的思路。比如，在很多国家的市场上，彩票品牌不仅在规范的彩票市场内部竞争，还可能存在与私彩的事实上的竞争关系。因此，彩票要能够说出自己相对于私彩的价值所在，并将之与彩民和社会公众进行有效沟通；同时，彩票机构也要能积极参与打击和抵制私彩的社会责任活动。另外，彩票对消费者而言也具有娱乐价值，因此，可以在更广义的娱乐体验消费的框架内去定义它，这也意味着彩票品牌可以进入更广泛的娱乐体验的场景中，满足消费者需求，也拓展相应的市场边界。

3.5.1.2 选择差异点

彩票产品的共同点是比较明确的：（1）对彩民而言具有中奖的可能性，当然概率较低；（2）各个国家发行彩票基本都具有一定的公益性目标。除此之外，一个彩票品牌更要能给消费者提供一个可信的理由来选择，也就是要让消费者感受到品牌的差异点。

哪些品牌的属性或利益可以作为差异点？要考虑三个重要因素，即品牌联想必须具有吸引力、可传达性和差异化。其中，吸引力是从消费者的角度考虑，可传达性是基于企业自身的内在能力，而差异化则主要是相较竞争者而言。

* 案例 3 – 1 *　　**"玛丽莲·梦露"主题开票在密苏里州大获成功**

美国波拉德印钞公司就 2018 年 2 月 26 日上市的"玛丽莲·梦露"主题即开票销售取得成功，向密苏里州彩票机构表示祝贺。从四周销量来看，该主题彩票几乎销售一空，成为密苏里州彩票机构最畅销的授权游戏品种。

"玛丽莲·梦露"主题即开票的标志性外观，无论是对怀旧玩家还是对非彩民而言，都非常有吸引力。这位明星迷人的外表很自然地转化成为漂亮的即开票艺术品，密苏里州彩票设计的 5 美元面值即开票一经露面，就极大地丰富了该州的即开票类型，也提供给了彩民集齐这位好莱坞传奇巨星三张不同照片的机会。

为配合彩票销售，密苏里州内 205 个零售店都摆上了一个真人大小的"玛丽莲·梦露"立体展示架，彩民可受邀与玛丽莲·梦露"自拍"合影，并将照片上传到社交媒体，还有机会参加抽奖，赢得玛丽莲·梦露奖品包和1500 美元购物礼券等惊喜体验。

资料来源：中国福利彩票官网，http：//www.cwl.gov.cn。

案例分析：

密苏里州彩票机构推出的"玛丽莲·梦露"主题即开票很好地满足了差异点选择的三个重要因素。

（1）吸引力。玛丽莲·梦露的巨星效应、产品设计的艺术性，对怀旧玩家和非彩民都极具吸引力。

（2）可传达性。密苏里州彩票机构对"玛丽莲·梦露"主题即开票的促销活动覆盖了社交媒体和电台广告，同时通过一系列上市前和上市期间的事件促销活动将该游戏推介给公众，很好地实现可传达性。

（3）差异化。该主题的选择是与其他即开票品牌之间最大的差异化。

3.5.2 彩票品牌定位的具体方式和方法

彩票品牌定位聚焦于品牌层面上，即彩票品牌如何界定自己与其他品牌之间的异同点，并将之提炼，用于指导品牌营销、沟通传播的具体策略的制定。此外，我们还可以从不同的角度来阐述彩票品牌定位的具体方式和方法。

3.5.2.1 与彩票品牌定位相关的几个概念

（1）市场定位。市场定位是指彩票发行机构在满足彩票市场需求方面，与竞争者比较，应当处于什么位置，使彩民产生何种印象和认识。

（2）品种定位。品种定位是指就彩票属性而言，彩票发行机构与对手的现有彩票品种，应在目标市场上各自处于什么位置。

（3）竞争性定位。竞争性定位突出表现在彩票目标市场上，它是指和竞争者的彩票品种相比较，彩票发行机构应当提供何种特色的彩票。

3.5.2.2 彩票品牌定位的作用

（1）创造差异，形成特有的形象。在其他行业，最成功的定位案例之一当属宝洁公司。提起"海飞丝""飘柔"，人们马上会想到"海飞丝——去头屑""飘柔——使秀发飘逸柔顺"的产品特性，将它们与众多的洗发用品区别开来。因此，市场定位可以创造差异，有利于形成组织和产品独特的个性和形象。彩票营销的市场定位也是为了凸显差异性，以在目标群体心目中占据独特的位置。

（2）恰当的定位有助于赢得竞争优势。定位一旦得到彩民的认可，就可使组织赢得巨大的竞争优势，且这种优势往往是产品质量优势和价格优势所不可比的。彩票品牌定位战略最终就是要通过恰当精准的定位，获得彩民的认可和支持，从而赢得竞争优势。

3.5.2.3 彩票市场定位的方式

要进行准确的彩票市场定位，就要分析和思考竞争者已经做了什么、做得如何，彩票目标市场上的彩民确实需要什么，是否得到满足，彩票发行机构能够为此做些什么。彩票市场定位作为一种竞争战略，显示了一种彩票或一个彩票发行机构同类似的彩票品种或彩票发行机构之间的竞争关系。定位方式不同，竞争态势也不同，下面分析三种主要定位方式。

（1）避强定位。这是一种避开强有力的竞争对手的彩票市场定位。其优点是：能够迅速地在市场上站稳脚跟，并能在彩民或用户心目中迅速树立起一种形象。由于这种定位方式市场风险较小，成功率较高，常常得以采用。

（2）对抗性定位。这是一种与在市场上占据支配地位的也即最强的竞争对手"对着干"的定位方式。显然，这种定位有时会产生危险。实行对抗性定位，必须知己知彼，尤其应清醒估计自己的实力，不一定试图压垮对方，只要能够平分秋色就已经是巨大的成功。

（3）重新定位。这是对销路少、彩票市场反应差的彩票品种进行二次定位。这种重新定位旨在摆脱困境，重新获得增长与活力。

无论如何，实行彩票市场定位应与彩票品种差异化结合起来。因为定位更多地表现在心理特征方面，它使潜在的彩民对一种彩票形成了特定的观念和态度；彩票品种差异化是在类似产品之间造成区别的一种战略。因而，彩票品种差异化是实现彩票市场定位目标的一种手段。这一点对于彩票营销定位具有重要的启发。

3.5.2.4　彩票市场定位的方法

为了有效地进行市场定位，必须要考虑两个方面的因素，其一是要了解目标群体重视的产品属性有哪些；其二是要了解竞争者的定位。据此选择确定企业自己的产品定位——应该是目标群体所重视的，又是与竞争者相区别的。市场定位的方法很多，在此介绍几种常见的方法，同样可用于彩票市场定位。

（1）利益定位。利益定位就是根据产品所能满足的需求或所提供的利益来定位。如冷酸灵牙膏的定位是"冷热酸甜，想吃就吃"；佳洁士（Crest）牙膏的定位是"高效防蛀"。宝马的定位是享受快乐驾驶，奔驰则强调安全、舒适。作为任何一种彩票产品，在定位时首先要想到的就是我能为彩民带来哪些利益，这些利益可以是具体的功能层面的，也可以是较抽象的精神层面的。

（2）使用者定位。使用者定位就是把产品与适当的使用者联系起来的定位。如金利来的宣传是"金利来，男人的世界"；百事可乐是"新一代的选择"。彩票的使用者即目标彩民群体，也是可以考虑的一种定位方法。如足彩的市场定位是喜欢足球又有兴趣进行竞猜的彩民。

（3）"抢占第一"的定位。因为在很多情况下，第一名往往可以给人们留下深刻的印象，如我们大家都知道为中国赢得第一块奥运金牌的运动员是许海峰，但第二块金牌是谁得的？恐怕绝大多数人都回答不上来了。因此，"抢占第一"是非常有利的定位策略。组织可以为自己的产品选择确定某种利益上的"第一名"，进而着力宣传这一特色。如中国香港的几大银行成功的市场定位，它们分别选择了"分行最多""服务最佳""历史最悠久""有最强大后盾"等不同的特色，突出了各自最大的优势。同样，如果彩票发行机构开发或引进了某一创新的彩票产品，可考虑"抢占第一"的定位，并进行宣传。如超级大乐透是"国内奖金最高的彩票玩法"。

（4）比附定位。比附定位就是攀附名牌，借名牌之光使自己的品牌生辉。如内蒙古的宁城老窖酒，其宣传广告是"宁城老窖——塞外茅台"，就达到了很好的定位效果。这种方法在彩票营销中也有使用的可能性。比如，我们引入了国外流行的某种玩法，就可以采用这一定位方法，来提升自身的背景，吸引彩民购买。

（5）质量或价格定位。就是从质量或价格的角度来进行定位，如宣传"高品质""物美价廉"等。而产品的这两种属性通常是彩民在做购买决策时最为关注的要素。当然对于彩票而言，可能要转化为投注价格和返奖率等方面的宣传。

（6）使用场合或用途。通过对使用场合的定位同样有可能成功。三星公司推出运动型 MP3，其与众不同的地方在于标配两个高音质耳机——普通型和运动型。值得关注的是外形时尚前卫的一体式运动耳机，它能完全和头部贴合，而且音质也非常出色。其采用了高弹性的材料制成，防止运动意外导致耳机折断，非常适合 YP-66 的运动需求。在剧烈的运动中，使用者再也不必担心耳机的随时脱落或折断。其将 MP3 的使用场合扩大了，通过定位该款产品适用于运动场合，会争取到很大的市场空间。

这对彩票市场定位同样是有启发的。如国外比较普遍的针对圣诞节、情人节等推出的节日彩票，就是针对节日里人们聚会或送礼的情况而设计的。在我国，如何应用这种市场定位方法也非常值得关注。

3.5.2.5　彩票市场定位的类型

（1）初次定位。初次定位是指新彩票品种投入市场或彩票进入新市场，面向缺乏认识的彩民进行的彩票市场定位。

（2）重新定位。重新定位是彩票品牌改变市场对其原有的印象，使目标彩民对其建立新的认识的过程。对于已有的品牌，重要的问题是：品牌多久进行一次重新定位。基本原则是：不宜过于频繁对定位作本质上的改变；只有在现有共同点和差异点的有效性受到显著性影响时，才进行重新定位。

例如，作为体彩明星品牌的超级大乐透，在上市之初曾有"超级大乐透，超越500万""500万大奖生产线"等宣传口号，但它现在倡导的是"乐透不止，畅活由你"。这就体现了该游戏品牌定位的改变，由单纯的中奖刺激转变为"畅活"，含义更丰富更积极。而这一调整，是符合整个彩票行业更加强调健康购彩和公益导向的趋势的。

（3）针对式定位。针对式定位是指彩票发行机构靠近竞争者或与其重合的位置，彼此产品、价格、分销及促销各个方面少有区别。

（4）创新式定位。创新式定位是指彩票发行机构避开直接对抗，位置定于某处市场"空隙"，发展目前没有的特色，开拓新的领域。

3.5.3　提炼彩票品牌箴言

好的品牌定位还需要通过好的方式进行展示和传播，最终才能真正赢得目标群体的认可。如可口可乐公司通过"可口可乐才是真正的可乐"的广告宣传，在彩民心目中确立了"可口可乐是唯一真正的可乐"的独特市场地位，于是，在彩民心目中其他可乐与可口可乐是无法相比的，它们只是可口可乐的模仿品而已，尽管这些产品在品质和价格方面与可口可乐几乎不存在太大差异。

同样，彩票品牌定位明确后，要通过适当的营销手段，积极向目标市场展示和传递这一定位。建立与彩票市场定位相一致的形象，让目标彩民和社会公众对彩票品牌定位知道、了解和熟悉，认同、喜欢和偏好。

其中，要保证组织内外对彩票品牌定位充分地理解，也为了能够更好地沟通，有必要制定品牌箴言。

品牌箴言（brand mantra）通常用 3~5 个精练的短语表现品牌内涵的精要以及品牌定位和品牌价值的精神。品牌箴言可以指导与品牌相关的决策，如可以推出哪些产品、应该进行哪些广告策划、应如何销售产品等；同时还有助于减少或消除那些不当的或有损品牌形象的活动。中国体育彩票提出"公益体彩，乐善人生"，就具有品牌箴言的作用。依据这一品牌箴言，中国体彩就要围绕"公益"和"乐善人生"开展营销活动。包括倡导"多人少买"，积极履行社会责任，要让顾客（彩民）从中感受到快乐。而从另一个角度，对于中奖宣传则要把握适当的尺度，防止负面影响的发生。

3.6　彩票品牌定位和传播的基础：彩民洞察

不管是为了品牌定位而进行的市场细分，还是在确定了品牌定位目标之后而进行的沟通传播，其前提和基础都在于对彩民的深刻理解和洞察。

在初期，从消费者关注的基本利益上去建立彩票品牌差异点是一种较好的手段。比如，在人们刚接触彩票市场的时候，很多人不了解什么是彩票，为什么要购买彩票，这时彩票品牌更多面临的是其他品类的竞争，如消费者完全可以把这个钱省下来去买点更实用的东西。这时将彩票与中奖相关联，能够刺激人们的购彩欲望。但当市场发展到一定程度，就必须要在更深层次上加深品牌定位与消费者的关联，满足消费者更深层次的需求。

3.6.1　洞察彩民需求的理论工具

在这方面，一些理论工具可以帮助深入理解彩民的内在需求，并从中获得启发。

3.6.1.1　马斯洛需要层次理论

马斯洛的需要层次理论认为消费者的需求具有不同的优先层次和需求水平。他将消费者的需求分为五个不同的层次（周三多，2009），从最低到最高层次需求分别是：

- 生理需求（食物、水、空气、居所、健康等）。
- 安全需求（保护、规则、稳定等）。主要是人们对人身安全、生活稳定、免遭痛苦、威胁或疾病等以及对金钱的需求。
- 社会需求（关爱、友谊、归属感等）。友谊、爱情及其隶属关系的需求。
- 自尊和受人尊重需求（权威、身份、自尊等）。包括成就、名声、地位、晋升机会等。
- 自我实现（自我成功等）。反映人们追求至高人生境界获得的需求，包括对真善美的追求。

根据马斯洛的理论，一旦低层次的需求得到了满足，高层次的需求就变得更加相关。

这一理论可以帮助我们去思考，如何通过分析彩民内在需求层次从而更好地做好彩民的服务和营销工作。

第一层次：生理需求层次。国内彩民大多通过投注站购买彩票，一些老彩民甚至会在投注站消磨比较多的时间。这时投注站内部的硬件配备如何，比如有无必要的桌椅，有无饮用水、洗手间，环境干净整洁程度如何，决定了其满足彩民基本需求层次的程度。需要指出的是，即使对同一层次的需求，不同的人需求的程度和水平也是不同的。比如，对于很多年轻白领而言，不仅要求投注站提供上述设施，还希望其是比较令人舒适的，甚至有较好的特色的。否则其愿意在投注站停留的时间可能就会减少。

第二层次：安全需求层次。这特别反映在彩民希望彩票系统能够做到真正的公平、公开、公正，希望整个购彩管理系统是可信任的。一旦这一需求遭到破坏，就会严重影响彩民的信心和购彩意愿，对彩票品牌和行业造成极大的负面影响。对于某个具体的投注站而言,同样也要满足彩民的安全需求,包括有治安良好的周边和店面环境、可信赖的店家、好的技术支持和相关服务等。

第三层次:社会需求。彩民的社会需求是多维的。比如在家庭内部,希望得到家人的理解和支持;在社交场合,希望能够得到友谊和关爱,希望能够有归属感。西班牙"大胖子"圣诞彩票将品牌定位于爱和分享,并通过生动的故事进行传达,很好地体现和满足了人们对关爱、分享的社会需求。其品牌定位是成功的。对于彩票投注站而言,也要认识到投注站不仅是为彩民提供一个购彩的场所,同时也提供了一个社交空间。因此,做好跟彩民的互动,以及促进彩民之间的积极互动和交流,这是很多经营成功的投注站的共同经验。

第四层次:自尊和受人尊重的需求。在一些国家,彩民涵盖了不同的职业、教育程度、经济状况的人群,彩民不会特别受到差异化地看待。在中国,彩民似乎成了独立的人群,一般社会公众提到彩票和彩民可能会有一些消极的刻板印象。尽管中国彩票市场规模已经很大了,但彩票文化还不是非常成熟,彩民的购彩理念以及人们对彩票和彩民的观念都有待改善。这也需要彩票机构在彩票品牌公益理念、社会贡献方面多进行宣传,给予彩民群体足够的尊重。

第五层次:自我实现的需要。这是个体的高层次需求,会对个体产生强大的内驱力。当然每个人自我实现的具体需求不同。但如果彩民将中大奖作为成功的表现或途径,则很容易导致一些负面问题,比如过度投入、上瘾等,影响身心健康和正常的工作与生活。这需要彩票管理机构在进行品牌价值沟通时向彩民和社会公众传递积极的价值观,引导彩民从更健康、多元的角度来理解什么是自我实现。

3.6.1.2 手段—目的链(means—end chains)方法

如果我们想了解品牌在更高或更深层次上对消费者意味着什么,或者想为品牌找到更为深入人心的定位,可以应用手段—目的链来进行分析。手段—目的链是一种理解更高层次的品牌特色含义的方法。一条"手段—目的链"的结构如下：属性（产品特征的描述），进而产生利益（个人价值及附属于产品特征的意义），进而产生价值（稳定的、持久的个人目标和动机）。比如，彩民买彩票只是一种手段，彩票对于很多彩民的利益可能在于中奖的可能性。但中奖也不是彩民的终极目的，人们希望变得有钱富有，最终还是为了获得更高层次的价值感受，比如：成就感、自尊、控制感、有面子等。如果彩票品牌定位能够关注到彩民深层次的目的，就可以在营销活动和品牌宣传上更有针对性和影响力。

3.6.2　彩民购彩心理和行为特征

此外，对彩民的购彩心理和购彩行为进行科学系统的认知，也是进行彩票品牌定位和沟通传播的基础和前提。

3.6.2.1　彩民购彩心理特征及主要心理变量

彩民在购买彩票的活动中会产生一系列心理活动，一般包括购彩动机、购彩意向、购彩认知、人格特征和购彩成瘾等。

（1）购彩动机。购彩动机是激发、维持和调节彩民进行购彩活动的内在心理过程或内部动力，它是彩民购彩行为发生的有效预测变量。国内外研究显示，渴望赢钱、冲动/好奇、碰运气和享乐是彩民的四个主要购彩动机。目前国内媒体在宣传彩票过程中普遍采用"大奖策略"来吸引眼球，这不仅宣扬了一张彩票有机会获得头等奖的经济效用，还影射了彩票能让人们"不劳而获"的心理。然而，彩票的总体返奖率较低，根据经济学相关理论，彩票的长期投资回报率为负值，彩票不具备投资条件。这提醒彩票主管部门在彩票宣传上可采取"公益"为主和"大奖"为辅的策略来促进彩票的健康发展。

（2）购彩意向。购彩意向是指彩民在一段时间内购买彩票的可能性。购彩意向虽然在一定程度上反映彩民购彩行为的发生，然而购彩行为不只包含"买不买"的问题，还涉及"买什么""买多少""何时买"等问题，因此，购彩意向对购彩金额、购彩参与等变量的预测仍需进一步检验。

（3）购彩认知。购彩认知是彩民对彩票根本属性的认识。国内外学者共同关注购彩认知的两个关键点为：购彩认知对彩民购彩行为的影响和购彩认知偏差机制。在影响方面，彩票的认知是彩民购彩态度的基础，是彩民对彩票的看法、评价的先导。彩民的认知偏差对其购彩行为也有显著影响，且高认知偏差彩民会表现出更显著的购彩行为。此外，还有研究发现女性体育彩民的购彩认知显著高于女性非彩民。购彩认知对彩民购彩行为具有重要的影响作用。由于彩民在购彩过程中可能会出现如控制幻觉、赌徒谬论、冷热号码、迷信思想、认知遗憾和差点赢心理等认知偏差，因此，如何通过提高彩民的购彩认知来促进彩民的理性购彩行为，这是购彩认知研究中的一个重点和难点，有待进一步探索。

（4）人格特征。目前，研究者普遍采用"大五"人格量表作为测量工具，试图找出彩民的人格特质与其购彩行为之间的内部关联。研究表明，购彩行为与外倾性呈正相关，与随和性呈负相关。这可能是由于外倾性的彩民更喜欢尝试，且个体的冲动性和非理智性易受外界因素的影响。还有研究发现彩民可能具有较低的自控感和低责任感，大部分彩民属于风险偏好型，他们主要是为了寻求挑战性和刺激性所带来的体验和满足。因此，彩民具有某些特殊的人格倾向，特定的人格特征可能是影响彩民购彩的因素之一。

（5）购彩成瘾。购彩成瘾（purchasing lottery addiction）是指彩民因持续购买彩票而引发的一种着迷状态，难以控制重复购彩欲望和冲动，持久性地沉溺于购彩中且伴有生理或心理依赖，导致其经济、家庭、组织和社会功能等受到损害的现象。与毒品、网络和赌博等成瘾行为相似，购彩成瘾的体育彩民具有以下突出特点：一是购彩成瘾很难轻易戒断，随着时间的推移其成瘾程度愈来愈深。研究发现，购彩成瘾的彩民研究彩票的时间会越来越长、购彩金额也会逐渐加大，对于周围人的劝说会视而不见，虽然有些人也许会短暂停止购彩行为，但一段时间后又会重新购彩。二是购彩成瘾导致个体相关功能的损害。购彩成瘾的彩民可能会出现失眠、心烦、情感性精神障碍、忧郁症、心理疾病、焦虑症、自杀倾向、反社会人格障碍、躁狂症、恐惧症及生活质量下降等较为严重的心理行为问题。三是购彩成瘾可能会滋生较为复杂的社会问题，如"使用公款购买彩票"等现象，甚至还可能引发刑事案件。

3.6.2.2 彩民购彩行为特征及其主要指标

购买行为是指消费者为满足某种需要而在购买动机的驱使下，以货币换取商品的行动。购彩行为作为一种特殊的购买行为，最早起源于国外的博彩行为（gambling behavior），即购买彩票、参加赛马等竞猜行为。而购彩行为是指彩民购买彩票用以满足自身需要的行为，包括在何时购买、何处购买、如何购买等。

（1）购彩金额。从总体层面来看，人均购彩金额是彩民购彩行为中的一个重要变量，在一定程度上反映了一个国家或地区彩票销售水平。彩票研究者也普遍采用人均购彩金额来衡量一个国家或地区体育彩票业发展程度。前人研究表明，一方面从单次购彩金额和月购彩金额来看，我国彩民总体较为理性；另一方面彩民的购彩金额受地区经济水平的影响，在经济发达地区，多数彩民购彩金额的绝对值会相对较大。

（2）购彩频次。彩民购彩的频次能够反映购彩行为的稳定性。在国内，一些老彩民会坚持每期都买或者经常购买体育彩票。据统计，每个星期里，每8个英国人里就有2个人去购买彩票，一年下来，该公司收进了近50亿英镑，这笔收入超过了英国人在书籍和面包上花的钱（方舟，1996）。从已有研究可以看出，我国体育彩民购彩频次与发达国家体育彩民相比相差不大。这可能是由于每周可供竞猜的竞技体育赛事较多，且没有国界的差异，因此体育彩民购买的频次相对比较稳定并且具有一定的持续性，这也是体育彩票销售额持续发展的重要原因之一。

（3）购彩类型。彩民长期固定购买某一种类的彩票反映了他们的购彩倾向性。比如有些喜欢体育的彩民可能更乐于去买体育竞猜彩票，有些不喜欢复杂玩法的彩民可能会青睐简单易懂的即开型彩票，而一些老彩民可能更经常购买市场占有率比较高的双色球、大乐透等彩票。男性和女性在购彩类型上也可能存在差异。

（4）购彩年限。购彩年限是反映彩民购买彩票的持续性和稳定性的重要指标之一。一旦开始买彩票，多数人会持续购买。这一行为倾向在竞猜型彩民中更为突出，竞猜型彩民往往会因为对某支球队或联赛的喜爱而保持长期购彩的习惯。从国内市场来看，大部分足球彩民属于足球爱好者，他们从足彩一开始发行就介入足彩市场，消费频率与强度都较一般体育彩票高。

3.6.3 彩民购彩心理和行为的细分

除了对彩民进行一般性的购彩心理和行为要有系统的认知，还要对彩民进行更细分的研究。不同的彩民可能会更倾向于不同类型的彩票玩法，或者同一个彩民在不同的玩法下，追求的价值点会有所差异。

3.6.3.1 数字乐透型彩民的购彩心理及行为特征

（1）购彩心理特征。第一，数字乐透型彩民的购彩最核心动因是购彩认知。具体表现在，乐透型彩民认为乐透彩的"公益性"和"娱乐性"特点是自身购彩的主要原因。首先，体育彩票销售总额的一部分将作为公益金发放，而数字乐透型彩票的销量占据了彩票销售总额的绝大部分，这体现出乐透彩的公益性。其次，乐透型彩票简单、随机的玩法特点也给彩民在平淡的生活中带来了很多乐趣与企盼。由此，我们可以理解，数字乐透型彩民是更愿意较为理性地将购买乐透型彩票作为对社会公益事业的支持或自身休闲娱乐的一种方式，而不是盲目地追求彩票可能给自己带来的经济利益。

第二，经济效用对数字乐透型彩民购彩影响弱化。虽然一些体彩销售部门以及媒体经常针对数字乐透型彩票打出一些诸如"一夜暴富""改变命运"的标语以对其高额奖金进行宣传，但事实上彩民们在长期购买数字乐透型彩票过程中绝大部分并未中得大奖，他们可能已逐渐意识到购买数字乐透型彩票并不是一种稳定可靠的投资方式。因此，数字乐透型彩民对于该类彩票经济效用的感知可能会被弱化。

（2）购彩行为特征。第一，数字乐透型彩民多为老彩民，购彩年限普遍较长。研究表明，可能是由于乐透型彩票玩法设计简单，老年彩民容易上手，老年人比年轻人更倾向于购买乐透型彩票。

第二，数字乐透型彩民偏爱关注店前的宣传信息。在彩票投注站里普遍悬挂了数字乐透彩票中奖号码的走势图，许多乐透型彩民都将中奖号码走势图作为其购彩的依据之一，并且，投注站经常会通过拉横幅、打广告等方式对大奖得主进行宣传来吸引民众眼球。

第三，数字乐透型彩民的月购彩频次最高。这可能是由于超级大乐透和排列三或排列五有固定的开奖时间，彩民往往保持着稳定的购彩习惯，基本每期都会购买，而即开型和高频型彩民随机性比较高，购彩习惯保持不强。竞猜型彩民的购彩频次则与喜爱的体育赛事有紧密联系，一般购彩周期相对更长一些。

3.6.3.2 竞猜型彩民的购彩心理及行为特征

（1）购彩心理特征。第一，竞猜型彩民最核心的购彩动因是经济效用，他们更加认可"购买彩票是改变经济状况的有效方式"。竞猜型彩票的特殊性表现在它是将体育比赛与体育彩票结合在一起，并要求参赛者对比赛结果进行预测。所以，竞猜型彩民对体育比赛相关知识的掌握，对各大联赛球队及球员信息的了解，包括在长期购彩中积累的经验，都有助于竞猜型彩民对比赛进行合理的分析和判断并赢得奖金。因此，竞猜型彩民可能会将竞彩当作一种能通过自身判断能力获胜的投资工具。

第二，购彩认知对竞猜型体育彩民购彩意向有一定影响，竞彩型彩民认为"购彩能体现自身判断能力"。竞猜型彩民对竞彩的青睐也可能来源于他们对体育运动或体育比赛本身的热爱。有研究表明，体育彩民一般都爱看或爱踢足球，并且密切关注足球比赛的动态，促使彩民购买足彩的主要因素是喜爱足球或想获大奖的心理。

（2）购彩行为特征。第一，竞猜型彩民主要通过网站的途径来了解彩票。这可能是由于竞猜型彩民需及时关注竞猜球队动态以获取大量最新的竞猜信息，为自己的购彩提供参考，而互联网所具备的实时性和全面性恰好能够满足竞猜型彩民对信息获取的需求。有研究表明，彩民会经常观看比赛和媒体介绍动态。所以，应侧重竞彩的网络宣传途径，同时可加强网络投注方式的监管力度。

第二，竞猜型彩民在购彩前时间投入最长。足球彩票与其他彩票的区别之一在于它涉及智力因素，彩民不仅要对竞猜对象有充分了解，还要考虑如主客场、气候、伤病等其他因素以预测比赛结果。因此，竞猜型彩民在购彩前会花费较多时间结合诸多因素对比赛结果进行分析。竞彩的高技巧特性也对其销售人员的专业素质提出了较高要求，加强竞彩销售人员专业知识与技能的培训是必要的。

第三，竞猜型彩民的购彩积极性和购彩能力最高。首先，由于竞彩固定的赔率，若采取单注元的投注方式，那么中大奖的机会可谓是微乎其微，所以通常彩民会采取倍投的方式购彩以博得更多奖金，从而导致购彩金额倍增。其次，由于竞彩的玩法种类繁多，其投注方式也丰富多变，包括比分、进球数、半全场和让球胜负平等。因此，竞猜型彩民在投注过程中可能会采取多方式投注，从而产生较高的购彩金额。

3.6.3.3　即开型彩民的购彩心理及行为特征

（1）购彩心理特征。外部信息作用对即开型彩民购彩意向的预测力最大。众所周知，即开型彩票票面上的号码或图案被一层纸或特殊涂膜材料所覆盖，彩民在购买即开型体彩后揭开或刮开覆盖物就可对照销售现场的兑奖公告或票面上公布的玩法规则判断自己是否中奖。因此，与存在一定"智力"因素的竞猜型彩票不同，即开型彩票本身并不需要购彩者的主观判断。那么，一些外部因素可能会成为即开型彩民关注的对象，如彩票的外观设计。与此同时，朋友和父母的行为态度、彩票销售点的环境等其他外部因素，也会对即开型彩民的购彩意向有影响。此外，由于即开型彩民从购彩到兑奖的全过程是在彩票销售点完成的，因此，彩票销售点的环境和销售人员的服务态度，都可能对彩民的购彩意向产生影响。

（2）购彩行为特征。第一，即开型彩票更受年轻女性的青睐。这可能是由于即开型彩票兑奖节奏快、票面设计美观，符合年轻女性的心理特点。

第二，即开型彩民主要通过网络途径了解即开型彩票。这可能是由于即开型彩民总体上趋于年轻化，而这部分年轻群体也构成了我国网民的主体，习惯通过互联网获取信息。并且，我国即开型体育彩票也在互联网上进行了大量的宣传工作。

第三，即开型彩民的购彩积极性较低，这可能与我国即开型彩票单一的销售渠道有关。即开型彩票在我国只能通过彩票销售点购买，然而在西方国家，例如在英国，即开型彩票主要是在超市、报纸杂志摊、加油站、邮局、零售店和酒吧等地销售。

第四，在时间投入上，即开型彩民为最少，这凸显出即开型彩票即开即兑、快节奏的特性。

3.6.3.4 高频型彩民购彩心理及行为特征

（1）购彩心理特征。风险偏好对高频型彩民购彩意向的预测力最大。具体表现为该类彩民在持续购彩不中后，仍会继续购买，或是在中奖后加大投入，同时，该类彩民也爱好普遍带刺激性的活动而不局限于购彩。高频彩票的开奖间隔短，如"11选5"高频游戏每10分钟开奖一次，全天开奖可达数次，意味着"一天可中几十次"，这充分满足了高频彩民们对惊险与刺激的寻求。实际中，很多高频型彩民在彩票销售点一待就是几个小时甚至一整天，他们认为等候开奖的过程很刺激，尤其在开奖前一瞬间会紧盯液晶电视屏幕，攥紧拳头，默念或激动地高呼手中的号码，对中奖产生强烈的期望。当高频型彩民参与博彩仅仅是为了娱乐消遣时，因博彩所产生的刺激感显著低于那些以赌钱为目的的彩民。与其他类型彩票不同，高频型彩票设奖更灵活，奖级多，并且每个奖级都对应不同玩法，返奖率高。由此可见，高频型彩票新颖的玩法、不同数额的奖金设置和较高的返奖率特点容易诱发彩民的"赌性"。虽然高频型彩票与即开型彩票从性质上来说均属于快开型彩票，但是即开型彩票较被动，彩民仅需刮或撕开兑奖区即可揭晓结果，缺乏控制感。而高频型彩票则可自主选号，彩民有较强控制感。

（2）购彩行为特征。高频型彩民的购彩能力普遍不高。由于高频彩票开奖周期短、频次高的特点，高频型彩民常滞留于彩票销售点以关注每期开奖情况。高频型彩民主要可分为两类：一是无业人员，其中也包括退休者，常以消磨时间的方式驻扎在彩票销售点购买高频彩票，他们没有稳定经济收入，所以购彩金额并不高。二是固定工作者，他们虽然有稳定收入，但闲暇时间并不充裕，其购彩时间主要集中在周末，而一般不会在工作日购彩，因此其购彩能力有限。由于高频型彩民倾向久留于彩票销售点，所以可完善销售点环境，提供纸笔、沙发和饮水机等便民设施及贴心服务。

我们必须认识到，彩民并不是一个同质化的群体，而是由具有多面性、多维性的众多细分群体构成。我们需要认识彩民群体的共性，更需要去洞察不同彩民群体的差异性，深入理解其内在需求，有针对性地去进行品牌定位和传播，从而更有效地激发其购彩动机，提升品牌态度。

参考文献

［1］ Phillip Kotler, Kevin Lane Keller. Marketing Management, 14th ed.［M］. Upper Saddle River, NJ: Prentice Hall, 2012.

［2］ 方舟. 全球彩票热——美梦还是恶梦？［J］. 国际展望，1996（2）：23－24.

［3］ 胡穗华等. 彩票营销学［M］. 北京：中国经济出版社，2009.

［4］ 周三多. 管理学——原理与方法［M］. 上海：复旦大学出版社，2009.

第Ⅲ篇　彩票品牌资产创建的途径

第4章
营销策略组合与彩票品牌资产创建

4.1　彩票产品策略

产品策略是营销策略组合的基石。优秀的品牌的中心必定是一个优秀的产品。无论是对于有形产品还是服务而言，设计和提供能完全满足消费者需求的产品或者服务，是成功营销的前提。要想实现品牌忠诚，就要确保产品使用体验至少能达到消费者预期，最好是能够超越预期。而消费者的产品使用体验主要可以用感知质量来衡量。

4.1.1　彩票的感知质量和价值

感知质量（perceived quality）的定义为：消费者对一件产品或服务的总

体质量或其优越性的感知，这种感知与其相关选择和想达到的目的有关。彩民对彩票的感知质量取决于玩法本身的一些重要属性，包括游戏可信性（值得信赖）、易操作性、趣味性、中奖概率，以及风格和设计（如即开票的主题和票面设计）等。同时，还与相关服务有关，包括兑奖便利性、及时性和玩法培训等。

* 案例 4-1 *　顶呱刮新票"星光闪耀"全国上市

图 4-1　"星光闪耀"即开票票面（局部）

　　近日，一款情感祝福类即开型体育彩票"星光闪耀"在全国各地陆续上市销售，如图 4-1 所示。这是一款头奖达 100 万元的顶呱刮新票，单票面值 20 元，共有 20 次中奖机会，设 9 个奖级，奖金从 20 元至 100 万元不等。

　　"星光闪耀"共有三个票面，以夜空中的星星为主形象，底色分别为紫、蓝、黑，采用"找中奖符号＋通吃"的组合玩法，简单易懂。"星光闪耀"的具体游戏规则为：刮开覆盖膜，如果出现顶呱刮标志，即中得该标志下方所示的金额；如果出现星星标志，即中得刮开区内所示的 20 个金额之和。中奖奖金兼中兼得。

　　情感祝福类即开票是顶呱刮的"保留曲目"，如 30 元面值的"大吉大利"、20 元面值的"日进斗金"、10 元面值的"吉祥如意"等，深受购彩者喜爱。

值得一提的是，购彩者每购买一张"星光闪耀"，将贡献 4 元体彩公益金，在为补充全国社会保障基金、医疗救助、教育助学、扶贫、法律援助等公益事业贡献一份力量的同时，也完成了一次随手做公益的善举。在抗击新冠肺炎疫情的战"疫"中，就有来自体彩公益金的贡献，这些公益金凝聚的是每一个购彩者的爱心奉献。

资料来源：国家体育总局体育彩票管理中心官网，https：//www. lottery. gov. cn/dgg/index. html。

案例思考：

（1）"星光闪耀"即开票为购彩者提供的产品体验包括了哪些内容？

（2）即开票可以通过哪些方面的设计来提高彩民的购彩意愿？如果为国内某一区域市场设计一款即开票，你有哪些策略建议？

4.1.2　即开票的产品设计策略

对于即开型彩票而言，有四个方面比较关键。一是游戏的玩法，如何能更加好玩有趣。二是定价。三是奖金和返奖率。四是即开票主题的设计。这些综合决定了彩民对彩票品牌的价值感知。设计的创意可以从以下几个方面去寻求。

4.1.2.1　彩票主题与人的结合

其中最典型的就是将一些名人或明星融入彩票设计。虽然名人彩票主题的设计和名人代言彩票不是一回事，但背后的原理却很类似。名人在某个领域具有出色和有魅力的表现，其个人的知名度、影响力很容易被转移到彩票品牌上，从而吸引受众对彩票游戏的关注和购买。

美国一家从事即开票印刷业务的波拉德印钞公司在旗下产品中使用了 20 世纪最伟大的标志性人物和好莱坞传奇人物之一——玛丽莲·梦露的肖像。根据与版权方的协议，波拉德印钞公司面向北美地区的彩票用户提供一款玛丽莲·梦露主题的即开票。玛丽莲·梦露是世界闻名的明星。她成名于 20 世纪50年代末至60年代初，一生共主演了33部故事片，并获得多项大奖，包括金球奖。即便过了这么多年，她仍然以独特的美丽、才华、幽默和风格，不断激发着世界顶尖的艺术家、设计师的灵感。2017年6月1日，玛丽莲·梦露诞辰期间，社交媒体上很多网友和品牌都发表了与之有关的话题。也正因为如此，她也吸引了彩票公司的关注。

其实，把名人肖像印在即开票上不是新鲜事。早在2010年，美国新泽西州就推出一种即开型彩票，上面印着法兰克·辛纳屈的肖像。他是美国历史上著名的音乐家和电影明星。

国内也有用名人当作即开票主题的例子。2010年，经财政部批准，"中华名人—孔子"即开票在山东省全省范围内发行销售。这是我国第一款以孔子和儒家文化为主题的即开型彩票。但没想到的是，这款"孔子"即开票上市没几天就引来争议。批评者认为，拿孔子当赚钱机器是对圣人的亵渎。经此事之后，彩票机构在这方面比较谨慎，虽然后来也推出了屈原肖像的即开票，但以真人为原型的即开票还是比较少见。因此，运用名人进行即开票的设计虽然是一个可以进行创意的方向，但是具体以什么样的名人为主题，具体如何运用还需要将市场反应和伦理并重。

4.1.2.2 彩票主题与事的结合

即开票主题可以与一些社会公众关注的重大事件或热点事件相结合，这样也能成功吸引彩民以及潜在彩民的关注，并促进其购买。当然这类即开票主题因与事件相关，所以其周期可能相对比较短。

例如，民政部在北京召开全国电视电话会议，全面启动福利彩票赈灾专项募集活动。1998年夏天，我国长江、松花江、嫩江流域发生了百年不遇的特大洪涝灾害，10月30日，国务院批准民政部在全国范围内发行50亿元赈灾福利彩票，所筹资金"地方一分不留，民政一分不用"，全部由民政部汇总上缴国务院用于灾区重建工作。截至1999年3月1日，50亿元彩票销售完毕，提前一个月完成任务，4月1日，15亿元赈灾资金全部上缴国库。通过发行福利彩票募集赈灾资金，在我国尚属首次。它标志着我国彩票事业的发展进入了一个新阶段，开辟了一条向社会筹集救助性资金的有效途径。1998

年 10 月至 1999 年上半年，全国销售福利彩票 110 亿元。

在 1998 年的抗洪救灾中，中国福彩发行中心曾发行抗洪赈灾彩票，彩票全套 20 张，一次性发行 610 万套，价值 6.1 亿元。彩票单张面值 5 元，奖金返还率为 55%。"抗洪赈灾彩票"前后总共销售 5 个月，全国销售额为 50 亿元，筹集公益金 15 亿元，"地方一分不留，民政一分不用"，全额于 1999 年 4 月 1 日上缴国家财政用于灾后重建。这样的主题彩票设计很好地体现了福利彩票公益性的一面，对于彩民和社会公众是一个很好的社会责任形象的真实展示①。

4.1.2.3　彩票主题与物的结合

比如与一些特别的行业或产品相结合。国内彩票机构就有将电影融入即开票设计的做法。例如，2014 年《一步之遥》上演时，当时的中国福利彩票发行管理中心发行了面值 10 元的"一步之遥"即开型彩票。该彩票采用了影片主要演员作为票面设计，全国限量、限地区发行，并和影片同步开卖。再往前推，还有 2010 年发行的"唐山大地震"即开票，以及 2011 年发行的"龙门飞甲"即开票。

4.1.2.4　彩票设计与新技术的结合

当然，除了主题设计上要多一些创意之外，也要积极引入新的技术。比如早在 2014 年，国外彩票公司就已经利用 AR 技术开发出 3D 即开票。

＊案例 4－2＊　京城购彩者的"即开"心态

在位于北京市海淀区的一家体彩网点，几位购彩者正在研究号码，这时，有人进行现场调研——购彩者们在挑选即开票时，究竟在选什么？

外貌控——选颜值

"颜值即正义，当然是选颜值高的票啦！"购彩者徐女士毫不迟疑地说。

徐女士，白 T 恤、黑裤子、白色运动鞋，一身装扮清清爽爽。她在去接孩子放学的路上顺道拐进来买几张即开票，扫了一圈，选了一套"四君

---

① 资料来源：中国福彩中心官网，http://www.cwl.gov.cn/fcda/#a。

子"——"梅""兰""竹""菊"各一张。

"看,多漂亮,看着都是享受。"她拍拍手中票,心满意足地离开了。

也许,徐女士可以代表相当一部分"外貌控"。反正玩彩票就是碰运气,不如先"养眼"来得实在,而体彩即开票中恰好有很多款高颜值的票,例如清雅淡泊的"梅""兰""竹""菊",一条红色锦鲤活灵活现跃然纸上的"年年有余",以呆萌可爱的长草颜团子为主角的"十二星座",以大熊猫、金丝猴、藏羚羊为原型的"国宝"等,个个美不胜收,可以轻而易举俘获购彩者的心。

浪漫型——选寓意

小刘牵着女友走进店,柜台前站定,两人手指一起指向体彩顶呱刮"7"票:"来两张!"

为什么选"7"呢?小刘望了一眼女友,笑答:"因为7是我们的幸运数字。"原来,女友的生日是7月2日,他们两人之前就是在女友的生日宴上相识并慢慢相爱的,"今天是她的生日,我们就决定来买一对'7',纪念一下,也小小庆祝一下。"

小刘看起来敦敦厚厚的,心思却细腻浪漫,女友自然很开心。她告诉我,他们就在附近住,每天都路过这家体彩店,经常买,但不会随意买,一般都会根据寓意来买。

"比如,7月1日那天,我们就买了'中国红',祝愿我们国家红红火火;前段时间单位年中考核,就买'大吉大利';通常他出差回来,我们就买'团团圆圆'。"

务实型——选奖金

与"外貌型"和"浪漫型"比起来,购彩者马先生就显得务实多了。"当然是看奖金了,奖金越高越刺激。"他说。

马先生弯腰从桌子抽屉中拿出一把不锈钢尺子,说着一口陕西腔:"这是店里专门给我准备的,我就喜欢用这玩意儿刮,攒劲儿得很,刮起来唰唰唰一刮一排。刮完后,努起嘴把那些纸屑屑往四面一吹,然后一个一个对号码、加奖金,我就感觉自己是高坐点将台的诸葛亮。"

畅想完,马先生开始一本正经地解释:"过程享受是享受,但我的终极目标还是高奖金。"所以，他玩即开票先看最高奖金是多少，奖金高才下手，然后再看面值，"投入与产出是相对应的，彩票面值与奖金也是相对应的"。

"五块钱一张的那些票，就是你们初级玩家玩的，我一个高级玩家肯定不玩那个，怎么也得30元的'好彩头'。"他边讲边熟络地从柜台捏出几张"好彩头"，数也不数就刮起来。

其实，都是玩彩票，哪分什么初级与高级？不过，马先生的话虽有玩笑成分，但也确实反映出了他的一种心态，挺真实。

资料来源：国家体育总局体育彩票管理中心官网，https：//www.lottery.gov.cn。

案例思考：

（1）研究即开型彩票购彩者的消费心理有何意义？

（2）除了上述购彩心理外，还有哪些典型的即开票购彩心理呢？

（3）彩票机构以往的那种统一的市场战略，是属于哪一种目标市场营销战略？面对年轻一代消费群体，又应该采取何种目标市场营销战略？

4.2 彩票价格策略

彩票游戏不同，定价策略也不同。但在中国市场上，大家一般理解彩票定价为2元，这主要是指电脑票单注的价格为2元。而即开票、视频票等则各有不同的定价。

∗延伸阅读4−1∗ 彩票2元价格变不得吗

彩票和普通商品不同，其定价和成本关系不大，决定彩票价格的最关键因素是政策和国情。在我国，即开票的价格是比较灵活的，从2元到20元，有多种面额，因此，重点是探讨即开票以外的彩票的价格。

自1987年问世以后，我国现代彩票的面额最早是1元和2元，甚至连5角的也出现过。而随着大奖组的兴起，2元成为彩票价格的主流。当时有些大奖组为了提高奖品的等级，创造性地发明了"2＋1"的销售模式，2元的彩票卖 3 元，多加的一元钱不提取公益金和发行费，全部用来返奖，销售效果非常好。但是这种做法是明显违规的，很快被查处并纠正。于是 2 元似乎就成了公认的彩票价格。

电脑票上市后，价格自然而然就定为了 2 元一注。监管职能转到财政部门后，也没有任何文件规定彩票的价格应该是多少，但有不允许溢价和折价销售彩票的规定，2 元似乎就成了官方定价，高于或低于 2 元就按违规对待。"西安宝马事件"之后，即开票大奖组悄然退隐，2 元一注的电脑票雄霸江湖。随着电脑票的旺销，"2 元中 500 万"也成了家喻户晓的口号。虽然彩票价格没变，但中国彩票的市场却在迅速发展。2018 年 1 ~ 12 月累计全国共销售彩票 5114.72 亿元，同比增加 848.03 亿元，增长 19.9%。

真正可能影响彩票价格走向的游戏还是双色球和超级大乐透。这两个游戏近年来由于奖池屡创新高而吸引彩民关注，但单注彩票 500 万元大奖封顶的政策使得一些彩民采取倍投的方式来追逐超过 500 万元的奖金。这当然也直接增大了非理性投注的风险。

那么，彩票 2 元的价格变不得吗？彩票的价格当然并不是非 2 元不可，如前所述，这与历史定价有关，也取决于游戏机理和有关社会责任的考虑。

从游戏的角度看，有些游戏确实适合 2 元一注，如现在大部分电脑票游戏 2 元一注就没什么不合适，但有些票种就不能简简单单地也定为 2 元一注，比如即开票就已经利用不同的面额差，适应不同的购彩人群，并在彩票文化层面有所建树。

资料来源：郭志. 彩票 2 元价格变不得吗？[J]. 国家彩票，2016 (6).

4.3　彩票渠道策略

营销渠道（marketing channels）可以定义为"产品或者服务从生产制造到消费者使用的过程中所涉及的一套相互依赖的组织"。

彩票渠道策略可以分为直接渠道和间接渠道。彩票直接渠道（direct channels）是指彩票发行机构直接把彩票卖给购彩者。彩票间接渠道（indirect channels）是指通过第三方出售彩票。

4.3.1　专业电脑投注站渠道模式

专业电脑投注站渠道模式是指彩票发行机构通过电脑投注站销售彩票的模式，主要针对的是电脑型彩票的销售。在电脑终端机售出的彩票，无论是哪一种，彩民都可以凭着自己的主观意愿来选号，所以可称作"主动型彩票"。常见的有"乐透型""数字型""竞猜型"三种。这种投注站是目前我国彩票业的销售主渠道。特别是在网络售彩不被允许的现状下，投注站更是彩票销售最主要的渠道。

专业电脑投注站渠道模式优点有三个方面。第一，有利于建立专业的彩票品牌形象。在系统安全性、可靠性和操作性等方面较传统的人工销售方式有很大改进。第二，便于管理。具有游戏参数化、数据汇总自动化、管理智能化和投注机一体化等功能，即时性较强。第三，在更大程度上实现了彩票公开、公正、公平的原则。

专业电脑投注站渠道模式的缺点主要体现在以下三个方面：第一，缺乏灵活机动性。尤其是针对流动量比较大的人口，显得比较被动。第二，销售员的主要精力是销售电脑票，在电脑票销售繁忙时，一般无法顾及网点即开型彩票的销售。第三，运营成本比较高。需要专门的机器设备与专门的门面，再加上人工费用等，运营成本比较高。

4.3.2　社会网点合作渠道模式

社会网点合作渠道模式是指彩票发行机构通过与其他行业零售商的合作销售彩票的模式。这一渠道模式主要针对的是即开型彩票的销售。即开型彩票票面上的号码或图案被一层纸或特殊涂膜覆盖，彩民购买后揭开或刮开覆盖物就可对照销售现场的兑奖公告判断自己是否中奖。由于即开型彩票的节奏快，无需等待开奖时间，因此特别受流动性比较大的人群的欢迎，而社会网点本身就是吸引人群的地方。

从国内外的具体实践来看，社会网点彩票销售渠道主要有六种。

第一，新增社会零售销售网点。主要利用社会便利、零散的零售资源（如非连锁的商业网点、杂货铺、烟酒店、报亭等）来销售彩票。

第二，分散摊点或小型卖场。主要利用各地有关部门的资源，选择人流量大的场所设点销售彩票。主要定位为低端路线。此种包括两类：一是固定的日常摊点；二是节日或其他时点的特别设摊点。

第三，流动销售点。流动销售点是指通过流动销售摊点和流动销售车来销售彩票。流动销售摊点主要是在机场、广场、车站等人流量大的地方设点销售，变被动销售为主动销售；流动销售车主要是深入乡镇和乡村，可占领空白市场。

第四，现代连锁商业渠道网点。利用现有的商业模式和客流量，发展成为即开型彩票分销渠道网点。此类渠道主要定位中高端人群，以开发、吸引新人群为主，条件是有 POS 机、连锁。包括四类：现代连锁大卖场、超市和社区便利店、奥运特许专卖店；石化石油、邮局、烟草连锁专卖、电信移动、银行、连锁药店、交通等行业；各类专业卖场（IT、手机、电子、家居用品等）；餐饮娱乐业（连锁酒店、餐厅、咖啡馆等）。

第五，高端卖场。高端卖场主要针对高端人群，包括高档酒店、洗浴中心、美容场所、高档餐厅等。

第六，无店铺直销渠道。无店铺直销渠道是指通过电话、邮寄、目录、电视等直销渠道销售彩票。主要针对有钱无闲的白领和女性群体，走中高端路线。

社会网点合作渠道模式的优点有三个方面。第一，覆盖面广，影响力大。由于社会网点种类多，网点密集度高，与消费者生活密切相关，覆盖面积大，具有广泛的影响力。第二，机动灵活，可根据具体的彩票销售情况做出灵活的调整。比如可以根据流动人口的特点调整其销售渠道。第三，建设成本低。由于是借助现有的社会网点渠道，其发展比较成熟，无需另外开拓渠道，能节省建设成本。

社会网点合作渠道模式的缺点主要有两个方面。第一，渠道类型复杂，管理难度高。由于社会网点渠道类型众多，呈现出多业态的渠道模式，因而在管理上具有一定的难度，渠道整合协调和控制比较困难。例如，社会网点渠道本身存在着竞争，如百货商店、专营店、超市等，这会影响到管理协调难度。第二，专业化服务提供显得比较不足。由于是渠道合作共享，受场地限制和人员专业素质等因素的影响，在彩票的专业化服务方面不如专业店面电脑投注站渠道所提供的专业服务。

4.3.3 网络投注渠道模式

网络投注渠道模式是指彩票发行机构通过互联网销售彩票的方式销售彩票，它属于无站点销售。在我国，网络投注渠道模式被财政部等三部委明令禁止。在大多数欧美国家，网络销售彩票也是被禁止的，只有欧洲的一些国家允许在网上销售彩票，但这些彩票都是针对外国人，并不是针对本国人。作为一种新兴的渠道，一些国家开始进行了有益的探索。例如，新西兰彩票委员会于 2008 年 6 月引入在线销售渠道，彩民可以通过网络购买彩票。

网络投注渠道模式的优点有三个方面。第一，便利性好。只要有电脑和网络，不再麻烦彩民前往投注站购买彩票；可以不受地域限制，购买任何地方任何彩种的彩票，彩民购彩可有更多选择。第二，信息量大。丰富即时的彩票资讯、彩票合买方案、开奖公告、专家预测等，可减小投资比率，提高彩票中奖概率。第三，有利于促进品牌创新。网络信息的充分流动和共享，使得购彩者更容易交流对彩票品牌的体验，也对彩票产品设计提出了更高的要求，这在客观上可以促进彩票品牌的创新。

网络投注渠道模式的缺点主要有两个方面。第一，规范性差。目前仍没有相对完善的制度、规则的建立，操作的规范性几乎没有。第二，监管困难。通过网络购买彩票没有实物交易，双方往来的只是一串串数字，监管难度较大。

案例 4 - 3 顾客中奖，你也能中奖

2019 年 12 月 17 日，美国超级百万（Mega Millions）开奖，开奖后不久，官方便发出公告：价值 3.72 亿美元（约合人民币 26 亿多元）的奖池被一扫而空，中奖彩票来自俄亥俄州，大奖得主只花了 2 美元购买了一张机选彩票。这是自 2002 年俄亥俄彩票开始销售超级百万彩票以来，该州爆出的第 20 个超级百万头奖，也是该州有史以来最大的头奖！根据该州规定，中奖者有 180 天的时间来领取相应的奖金，如果中奖者采用一次性领取的话，中奖者将能够领走 2.515 亿美元（约合人民币 17 亿元），或者中奖者也可以花 30 年来领取全部的奖金。

而同样令人羡慕的是，售出这样头奖彩票的巨鹰超市，也将因为售出大奖而获得 10 万美元的奖金！

在美国，零售店能售出大奖彩票是一件令人十分开心的事情，因为这不光能让零售店成为媒体关注的焦点，还能拿到实实在在的奖励。各州相关规定不同，奖励的提取比例在 0.5 ~ 1 之间不等，以加利福尼亚州为例，不同类型游戏中开出的大奖级别不同，零售店能得到的奖励也不同。

强力球、超级百万等数字游戏

在加州，售出中奖金额为 100 万美元及以上金额的彩票，无论中奖人采用何种方式领取奖金，均奖励销售商中奖金额的 0.5%，但奖励金额最高不能超过 100 万美元。

2016 年 1 月 14 日，强力球高达 16 亿美元的超级大奖被三人均分，三名中奖者分别来自加州、田纳西州和佛罗里达州。巴尔比·阿特瓦尔（Balbir Atwal）是位于加州奇诺山的 7 - 11 便利店的老板，加州那张中奖票正是出自他手，他也因此而获得了达到封顶额度的 100 万美元奖金。

即开票

在加州，售出中奖金额为 100 万美元以上的大奖，可获得中奖金额的 0.5% 作为佣金奖励。该奖励方案对于参与促销活动的即开票也同样适用。

除了销售佣金奖励，对于支持小额中奖票兑奖的销售商，也给予一定奖励：电脑票兑奖金额在 99 ~ 599 美元之间的，奖励销售商中奖金额的 3%。比如，销售商为中得 500 美元的选 3 游戏兑奖，则可以获得 15 美元作为兑奖奖励。

即开票兑奖金额在 1 ~ 599 美元之间的，奖励销售商中奖金额的 1%。比如，某销售商为中得 500 美元的即开票兑奖，可以获得 5 美元兑奖奖励。

当然，美国也并不是所有州都如此"大方"，其他州对大奖奖励的规定不同，但零售商获利方式主要包括三个方面：（1）代销佣金；（2）为购彩者现金兑奖的佣金；（3）售出大奖得到的奖励。

在弗里尼亚州，乐透游戏和即开票按相同的方式颁发奖励，售出500万美元及以上的大奖，零售商将获得5万美元奖励；售出50万～4999999美元大奖，零售商将获得1万美元奖励。在康涅狄格州，零售商售出强力球或超级百万的头奖将可获得10万美金的奖励；售出终生派奖游戏头奖可获得2万美金奖励；对于即开票，凡是售出1万美元及以上大奖，均能获得中奖金额的1%的奖励，购彩者中的越多，零售商得到的奖励也越多。

丰富而具有针对性的奖励方案，对提高彩票零售商的工作热情和服务质量有着积极作用，在有效带动了彩票游戏的销量的同时也让购彩者们享受到更优质的服务，可谓是多方受益，一举多得。

资料来源：中国福利彩票官网，http：//www.cwl.gov.cn。

4.4　彩票促销策略

任何促销，本质在于通过各种形式的沟通，影响消费者购买。彩票促销策略包括彩票广告、人员推销、彩票销售促进、彩票公共关系，以及整合营销传播等促进彩民购买和提升彩票品牌形象的一系列技巧与策略。

4.4.1　目前我国彩票促销活动的主要形式及存在的问题

4.4.1.1　加奖促销

即加大派奖力度，将奖金抬高。这种方式能够刺激彩民购彩欲望，但长期使用，容易产生疲劳，并且通过加奖方式刺激购买，也不利于负责任的彩票品牌形象的建立。

2019年1月15日，财政部、民政部以及体育总局三部委发文，强调为坚决遏制部分彩票游戏派奖促销活动中出现的强度持续加大、时间恶意延长、派奖金额远超返奖,以及促销引发大额非理性购彩等问题,宣布叫停福彩快开游戏和体彩高频游戏的加奖活动,并要求暂停开展任何形式的促销活动。为切实整顿彩票市场秩序,坚决遏制部分彩票游戏派奖促销活动中出现的强度持续加大、时间恶意延长、派奖金额远超返奖以及促销引发大额非理性购彩等问题,促进彩票发行销售工作平稳有序进行,就加强福利彩票快开游戏和体育彩票高频游戏派奖促销有关事项进行通知[①]。

4.4.1.2 有奖促销

通常是当彩民在购彩满足一定条件时,给予一定的奖品,如手机、剃须刀、电饭煲等。这种促销方式在早期有一定的吸引力,但随着时间推移,彩民对这类活动的兴趣在降低,不能成功吸引到潜在彩民的关注和参与,而且这些活动对于彩票品牌形象的提升和传播作用也比较有限。

4.4.2 促销活动要兼顾销量和品牌价值的双重目标

评估促销活动的基础指标是:促销期内扣除追加的广告费用以及额外支付的销售佣金后,销量要有所增长。但是,与短期内的指标相比,彩票促销活动带来的品牌收益更重要、更有长期性。所谓品牌收益,主要涉及良好促销建立起来的品牌价值感知、品牌忠诚度、彩民的参与度及满意度等,这些都是在短期内无法衡量的,是容易被忽视的软收益。但这些因素有助于构建长期的购彩关系,并因此推动销量增长。这些指标通常需要采用彩民跟踪研究、焦点小组讨论、动机/障碍研究、长期销量增长等方法,才能进行发现或测量。

4.5 彩票营销策略组合:从 4P 到 7P

传统的营销组合理论是以有形产品为对象提出来的。由于彩票营销具有

---

① 资料来源:中国体彩官网,https://www.lottery.gov.cn。

不同于有形产品的一些特点，不仅关乎彩票产品，更涉及相关服务，因此，有必要采用服务营销策略组合 7Ps 框架，即在传统的 4P（即产品、价格、分销、促销）的基础上增加 3P：人员（people）、有形展示（physical evidence）和过程（process）。

4.5.1　彩票人员策略

在服务营销的 7Ps 组合中，"人"的要素是比较特殊的一项。在彩票品牌管理中，提供相关服务的人员直接关系到彩票品牌的形象。彩票品牌管理与彩票从业人员的挑选、培训、激励和管理的联系越来越密切，彩票从业人员在彩票营销中的作用显得越来越重要。

在提供彩票产品的过程中，彩票从业人员是一个不可或缺的因素，尽管有些彩票产品是由机器设备来提供的，但彩票从业人员在这些服务的提供过程中仍起着十分重要的作用。对于那些要依靠彩票从业人员直接提供的服务，如电脑投注站等来说，彩票从业人员因素就显得更为重要。一方面，高素质、符合有关要求的彩票从业人员的参与是提供服务的一个必不可少的条件；另一方面，彩票从业人员服务的态度和水平也是决定彩民对彩票服务满意程度的关键因素之一。

一个高素质的彩票从业人员能够弥补由于物质条件的不足可能使彩民产生的缺憾感，而素质较差的员工不仅不能充分发挥彩票发行机构拥有的物质设施上的优势，还可能成为彩民拒绝再购买彩票的主要缘由。考虑到人的因素在服务营销中的重要性，彩票服务营销实际上由三个部分组成，见图 4 - 2。

图 4 - 2　三种类型服务营销

其中，外部营销包括彩票服务提供的服务准备、促销、分销等内容；内部营销则指彩票发行机构培训员工及为促使员工更好地向彩民提供服务所进行的其他各项工作；互动营销则主要强调员工向彩民提供服务的技能。图 4 - 2 中的模型清楚地显示了员工因素在彩票服务营销中的重要地位。

4.5.2　彩票服务有形展示

所谓"有形展示"，是指在服务市场营销管理的范畴内，一切可传达服务特色及优点的有形组成部分。在产品营销中，有形展示基本上就是产品本身，而在彩票服务营销中，有形展示的范围就较广泛。事实上，服务营销学者不仅将环境视为支持及反映彩票产品吸引力的有力实证，而且将有形展示的内容由环境扩展至包含所有用以帮助设计发行服务和渠道服务的一切实体产品和设施。这些有形展示，若善于管理和利用，则可帮助彩民把握彩票产品的特点以及提高享用服务时所获得的利益，有助于建立彩票产品和彩票发行机构的形象，支持有关营销策略的推行；反之，若不善于管理和运用，则可能会传达错误的信息给彩民，影响彩民对彩票产品的期望和判断，进而破坏服务产品及彩票发行机构的形象。

根据环境心理学理论，彩民利用感官对有形物体的感知及由此所获得的印象，将直接影响到彩民对彩票产品吸引力及彩票发行机构形象的认识和评价。彩民在购买和享用服务之前，会根据那些可以感知到的有形物体所提供的信息对彩票产品做出判断。比如，一位初次光顾某家彩票投注站的彩民，在走进投注站之前，投注站的外表、门口的招牌等已经使他对之有了一个初步的印象。如果印象尚好的话，他会径直走进去，而这时投注站内部的装修、桌面的干净程度以及彩票销售员的礼仪形象等将直接决定他是否会真的在此购买彩票。对于彩票发行机构来说，借助服务过程的各种有形要素必定有助于其有效地推销彩票产品的目的的实现。

4.5.3　彩票服务过程管理

彩票服务过程包括售前沟通、购买、兑奖、购后沟通等环节，这些环节彼此相关，共同构成了彩票服务管理的完整过程。只有对每个具体过程都做好管理，并且提供一致的、顺畅的、体验良好的服务，才能真正实现彩民满意，提升彩票品牌形象。

4.5.4 彩票营销组合的特点

彩票营销组合作为彩票发行机构一个非常重要的营销管理方法，具有以下特点。

4.5.4.1 彩票营销组合是一个变量组合

构成彩票营销组合的"4Ps"乃至"7Ps"的各个自变量，是最终影响和决定市场营销效益的决定性要素，而营销组合的最终结果就是这些变量的函数，即因变量。从这个关系看，彩票营销组合是一个动态组合。只要改变其中的一个要素，就会出现一个新的组合，产生不同的营销效果。

4.5.4.2 彩票营销组合的层次

彩票营销组合由许多层次组成，就整体而言，"4Ps"是一个大组合，其中每一个 P 又包括若干层次的要素。这样，彩票发行机构在确定营销组合时，不仅更为具体和实用，而且相当灵活；不但可以选择四个要素之间的最佳组合，而且可以恰当安排每个要素内部的组合。

4.5.4.3 彩票营销组合的整体协同作用

彩票发行机构必须在准确地分析、判断特定的彩票市场营销环境、彩票发行机构资源及目标市场需求特点的基础上，才能制定出最佳的营销组合。所以，最佳的市场营销组合的作用，绝不是产品、价格、渠道、促销四个营销要素的简单数字相加，即 $4Ps \neq P + P + P + P$，而是使它们产生一种整体协同作用。只有它们的最佳组合才能产生一种整体协同作用。正是从这个意义上讲，彩票营销组合又是一种经营的艺术和技巧。

4.5.4.4　彩票营销组合必须具有充分的应变能力

彩票营销组合作为彩票发行机构进行彩票营销管理的可控要素，一般来说，彩票发行机构具有较充分的决策权。例如，彩票发行机构可以根据彩票市场需求来选择确定彩票品种结构，制定具有竞争力的价格，选择最恰当的分销渠道和促销媒体。但是，彩票发行机构并不是在真空中制定的彩票营销组合。随着彩票市场环境的变化和彩民需求特点的变化，必须对彩票营销组合随时纠正、调整，使其保持竞争力。总之彩票营销组合对外界环境必须具有充分的适应能力和灵敏的应变能力。

当然，在我国，彩票发行机构的彩票品种和价格均需要经财政部审批后方可投放彩票市场。

4.5.5　彩票营销组合的实践意义

对于彩票发行机构来说，彩票营销因素组合在彩票发行机构实际工作中的实践意义表现在以下方面。

4.5.5.1　为彩票品牌战略实施提供了可操作的框架

彩票品牌战略的实施，需要通过具体的营销策略来落实。彩票营销因素组合，既可以多个因素综合运用，也可以根据彩票产品与彩票市场的特点，分别重点使用其中某一个或某两个因素，设计成相应的营销策略，这是一个细致复杂的工作。

4.5.5.2　应付竞争的有力手段

彩票发行机构在运用营销因素组合时，必须分析自己的优势和劣势是什么，以便扬长避短。在使用营销因素组合作为竞争手段时，要特别注意两个问题：一是不同的彩票产品侧重使用的营销因素应当不同；二是彩票发行机构及其中间商在重点使用某一营销因素时，要重视其他因素的配合作用，才能取得理想的效果。

4.5.5.3　为彩票发行机构及其中间商提供系统管理思路

如果以彩票营销组合为核心进行彩票发行机构的战略计划和工作安排，可以形成一种比较系统的、从点到面的、简明扼要的经营管理思路。如彩票发行机构可以在业务部分根据彩票营销组合的各个策略方向去设置职能部门和岗位，明确部门之间的分工关系，划分市场调研的重点项目，确定彩票发行机构内部和外部的信息流程等。彩票发行机构的财务部门也可以在完成财务报表的同时，按照4P's数据列表，为彩票发行机构分析资金运用、固定成本与变动成本支出等情况提供信息。运用营销因素组合，可以较好地协调各部门工作。

4.6　彩票营销的新视野

4.6.1　彩票整合营销

在当今市场中，有多种方式可以创建产品和服务的品牌资产。渠道策略、沟通策略、定价策略及其他营销活动都能增加或减少品牌资产，而基于顾客的品牌资产模型能提供有益的指导。基于顾客的品牌资产模型的启示之一在于，它指出品牌联想形成的方式并不重要，重要的是其产生的品牌认知及品牌联想的强度、偏好性和独特性。为此，应该对能创建品牌知识的各种可行途径进行评估，不但要考虑效率和成本，还要考虑效果。创建品牌的核心是实际产品或服务，所有围绕产品的营销活动都很关键，因为这是进行品牌整合的途径。

基于这种理念，学者们从"接触"概念出发，提出了所谓的整合营销传播（integrated marketing communications，IMC）（凯文·凯勒，2014）。接触（contact）是指顾客与品牌、品类或该产品（服务）市场相关的信息经历。根据他们的研究，一个人可以通过多种方式接触品牌，包括：朋友和邻居的意见，包装、报纸、杂志和电视信息，以及产品在商场货架上的摆放方式等。

接触并不会随着购买成交而停止，接触还包括朋友、亲戚以及上级对某人使用某产品的议论。还包括顾客所接受的服务形式，甚至公司致函解决问题的方式。所有这些都是顾客与品牌的接触。这些通过长期积累而形成的信息碎片、经历以及关系等，都会影响顾客、品牌和营销者之间的潜在关系。这些潜移默化的方式和途径也应该纳入整合营销的视野中。

这意味着，创建品牌资产的方式多种多样。在今天的情境下，新的技术、新的商业模式涌现很快，消费者也在感受并亲自影响了很多巨变，这需要彩票品牌管理者有创新性和原创性的思想，并创建新的营销方案，以突破和避开市场中的障碍和噪声。

4.6.2 彩票体验营销

体验式营销（experiential marketing）中不仅要突出品牌的特性和利益，而且要将品牌与某种独特有趣的体验联系起来，让个人以个性化的方式参与其中，从而让消费者对品牌产生喜爱或认同。

而大部分公司都运用四种销售体验：娱乐、教育、美学和幻想。

哥伦比亚大学的伯恩德·施米特（Bernd Schmitt），也是该领域的权威专家，认为广义的体验营销是指以顾客为中心的营销活动，在不同的接触点建立与顾客之间的感情关联；施米特还细化出五种对消费者品牌感知至关重要的不同体验：感觉、感知、思考、行为和关联（Schmitt & Rogers，2008；Schmitt，1999、2003）。能为顾客提供的体验有哪些？许多公司发现运用五种方法可以识别不同类型的体验：感觉的方法、感情的方法、思想的方法、行动的方法、联系的方法。体验型营销方式不仅仅是一组新的理念和技术。严格地说，也不只是一种态度，而是开展业务的一种新方法。当整个公司以管理顾客的体验为中心时，它就能产生最佳的效果。这五种体验对于消费者的品牌感知至关重要。

•感觉营销：是指吸引消费者的各种感觉（视觉、声觉、触觉、味觉和嗅觉等）。

•感知营销：是指吸引消费者的内心感受和感情，从细微的、与品牌相连（如低涉入度、一次性的食杂品牌或服务或工业产品）的积极情绪到高兴、荣耀的强烈感情（如耐用消费品、技术或社会营销活动）。

●思考营销：是指通过消费者的理解力，传递认知、解决问题的体验，从而激发顾客的创造力。

●行为营销：是指针对消费者的行为、生活方式和互动行为等。

●关联营销：是指通过考虑消费者渴望成为社会一分子（如自尊，即亚文化或品牌社区的构成部分）而建立的体验。

他还认为许多"体验手段"都可以成为建立体验式营销活动的一部分，比如，沟通、视觉、听觉、形象和符号、产品陈列、品牌联合、空间环境、电子媒介、销售员。随着体验营销的广泛使用，消费者也变得越来越苛刻，他们希望得到娱乐，获得刺激、感动，以及创造性的挑战。

*案例 4 - 4 *　跟着奥运冠军孙甜甜体验现场开奖

2018 年 6 月 13 日，河南体彩中心组织了"见证体彩公信 奥运冠军孙甜甜携手'中国体育彩票·新长城助学基金'受助大学生观摩中国体育彩票开奖"活动。当天是体彩大乐透第 18068 期开奖日，奥运冠军孙甜甜亲自启动摇奖机。19：30～20：50，在亲身经历了一系列严格细致、严谨有序、严肃公开的准备与开奖过程后，大家对体育彩票的公信力有了更深的认识，也与体彩产生了更深的情感。

孙甜甜：体彩真不愧为国家彩票，是值得购彩者信任的彩票

孙甜甜作为我国首位在奥运网球和大满贯比赛中都曾夺冠的中国网球运动员，退役后，依然坚守在体育战线。如今，她作为中原网球训练基地管理中心副主任，为体育事业做贡献的同时，还不遗余力地关心着社会公益事业。

关于体育彩票公益金，孙甜甜说："之前做运动员的时候，就了解到我们日常训练、参加赛事等经费，大部分都来自体育彩票公益金。现在，作为一名体育系统的工作者，更深刻地感受到了体育彩票公益金对于国家公共健身设施、百姓全民健身活动的重要意义。不仅如此，公益金还用于社会保障、教育助学、法律援助、城乡医疗救助、扶贫、残疾人救助、赈灾救灾、农村养老服务等很多方面。"

亲手开启大乐透摇奖机后，孙甜甜开心地告诉大家："很激动！中国体育彩票真不愧为国家彩票，是值得购彩者信任的彩票，体现了体育彩票作为国家彩票的公信力。"

她表示："之前购买过体育彩票，因为购买体育彩票就是做公益。今后还会继续购买和支持中国体育彩票。"

网点业主：作为体彩人，我很自豪

来自河南新乡的体彩销售网点业主郭成城满脸笑容："我经常对我女儿说，作为体彩人，我挺自豪的。你看体彩公益金资助了那么多贫困的大学生，使他们能够快乐地读书。他们成长后，再回馈社会，形成良性循环。这不正好体现了体育彩票'公益体彩 乐善人生'的理念吗？"

同样来自新乡的体彩业主常新杆拿着手机左拍拍右拍拍，忙活着在微信朋友圈同步直播自己的行程。她说："我很热爱这个行业，天天在微信群、在朋友圈宣传体彩。"

关于开奖是否有假的问题，郭成城说："以前，我就坚信不可能有假。观看开奖过程，亲眼看到开奖全程都在公证人员的监督下进行，更坚定我的信心了，我也更认定体彩这个行业了。"

常新杆说："我们店里有一位购彩者，经常说'小妮子呀，你们联合起来控制那机器，让我一次大奖也没中过。'我真是感到好笑又无奈。如今我亲身观摩了阳光开奖，这下我可以现身说法了，回去好好给他普及一下。"

受助大学生：公益的种子会被我带到更远的地方

曾受体彩公益金资助的大学生郭双双即将从河南师范大学毕业，现已被上海对外经贸大学录取成为硕士研究生。她告诉记者："亲手触摸模拟摇奖球的一刹那，感觉与体育彩票的连接更深了。能受到体彩公益金的资助，让我们家庭困难的孩子感觉很温暖，让我们知道社会在关注我们。由于社会对我的关注，我每天也在关注社会，'一带一路'建设需要更多的翻译人才，今后我的就业方向就是翻译，把对体育彩票的感恩传递出去。"

被保送到南京师范大学成为硕士研究生的闫培艺也是一名受助大学生，她说："印象最深刻的还是开奖过程，那几分钟让我感觉非常紧张，整个过程不由自主地肃穆起来。很荣幸作为一名见证者，见证了体育彩票的公开、公平、公正。作为体育彩票公益金的受益者，我的目标是当一名优秀的高校老师，把体彩给我的爱传递给更多学生，传播到更广的地方。"

葛青芸今年考上了中南大学研究生，她说："体育彩票公益金给予我的资助，使得我更有力量，更有感恩之心。这份关爱已在我的心底埋下一枚爱的种子，它将会被我带到更远的地方。"

资料来源：国家体育总局体育彩票管理中心官网，http：//lottery.sports.cn。

案例思考：

（1）在这个案例中，彩民体验到的是什么？

（2）彩民还希望在与体彩品牌的互动中获得哪些体验？如何提升这些体验的效果？

4.6.3 彩票娱乐营销

彩票是社会公益金的重要来源，其公益性不言而喻。然而，现实中个体购买彩票，又不可避免地带有或多或少的"赌博"心理，如果缺乏有效的社会引导和自我控制，则很容易演变为问题彩民。那么，有没有更适合引导健康购彩的思路？当然，向彩民宣传公益是应该的，也是需要加强的，但彩票毕竟是一种商品，真正刺激消费者购买的是其市场属性。因此，思考如何从市场角度去引导彩民的购彩就显得格外重要。那么，彩民购买彩票，除了其公益性、收益的可能性之外，值得关注的就是其娱乐性。娱乐体验也是消费者体验的一种，它强调通过娱乐的体验促进消费者对品牌的喜爱和认同。

娱乐营销得到了很多品牌的青睐。比如，近年来，爆款综艺节目层出不穷，这些节目有流量、有热度、有话题，各自收获了不同年龄阶段的粉丝群。众多品牌也纷纷加入，借助娱乐节目进行营销传播，以提升特定群体对品牌的认知和偏好。娱乐营销的范围广泛，凡是涉及娱乐体验的产品、项目等都可以作为品牌营销的载体。

不过，需要指出的是，娱乐营销的效果通常是短暂的，其热点也很容易转移。如果试图通过娱乐营销来培养品牌与彩民之间的忠诚，恐怕很难。因此，娱乐营销可以作为促销或传播的手段加以运用，但品牌还需要有其他途径，以发展与彩民更长久更长情的关系。

案例 4-5 　国外的"贺岁彩票"

每年新年将至，世界各地都会推出一些专门为庆祝节日而设计的形式多样的彩票。在距离圣诞以及新年假期一个月的时间时，美国、日本、西班牙等国的彩票机构就会开始备战假期销售。

2006 年底，美国马里兰、新泽西等州都推出了一款名为"新年百万"的彩票。这是一款专门为新年而发行的彩票，该玩法是以货物来代替奖金对中奖的玩家进行回报，每注需要 20 美元，而奖品价值高达上百万美元。和以往通过电视开奖不同，"新年百万"于 12 月 31 日在州彩票中心总部进行现场开奖。"随着节日的到来，抽奖售彩将会受到普遍的欢迎"，马里兰州彩票部门总监布迪·鲁戈夫说，"这种玩法的起始点明确、销售限量，并且将在圣诞夜前夕达到高峰，这些都将给玩家们带来一种全新且刺激的玩彩体验"。在美国甚至整个彩票界，抽奖售彩都是一种新兴的玩法，但是已经引起了美国国内玩家的极大兴趣。2005 年的百万抽奖售彩是美国首次引入该玩法，是宾夕法尼亚州引进发行的。当时，该玩法一经上市，便在 16 天内售空了所有的奖券。

而目前，世界上历史最悠久、最著名的节日彩票是西班牙传统圣诞彩票——大胖子彩票（El Gordo），它也是世界上最受欢迎的彩票玩法之一。这种彩票诞生于 1812 年，销售收入的 70% 用来返奖，每年圣诞节，El Gordo 都会派发上亿元的大奖，在开奖的那一天，西班牙上下举国关注。

在日本，每年年底的"年末梦幻巨奖彩票"也极为火爆，这种彩票的一等奖及其前后奖（中奖号码前后号码）的奖金额高达 3 亿日元。

资料来源：胡穗华等. 彩票营销学［M］. 北京：中国经济出版社，2009.

案例思考：

（1）在哪些时候，人们的娱乐需求会更高？

（2）针对现在的年轻人，除了可以开发贺岁彩票外，你还有哪些彩票产品开发的创意？

4.6.4 彩票关系营销

营销战略必须超越实际的产品或服务，从而建立与顾客间的亲密关系，并将品牌共鸣最大化。这种更宽泛的活动有时被称为关系营销（relationship marketing）（Pankaj Aggarwal，2004）。关系营销试图提供更全面、个性化的品牌体验，从而建立更加紧密的顾客关系。关系营销拓展了建立品牌营销方案的深度和广度。

以下是实施关系营销的必要性（Robert W. Palmatier et al.，2006）：

- 获取新客户的成本是留住当前客户成本的5倍。
- 公司每年平均流失10%的老客户。
- 客户流失率降低5%可以提高25%～85%的利润（根据不同的行业）。
- 客户利润率随着老客户的保有时间而增加。

针对彩民的关系营销也是为了加强彩民与彩票品牌间的黏性，通过具体的策略和可行方案提高彩民对彩票品牌的关注和购买，进而促进彩票品牌与彩民之间的亲密关系。

案例4-6　中国体彩吉祥物公开征集活动

2020年4月，中国体彩在官网发布了关于吉祥物征集活动的信息。征集文案如下。

中国体育彩票作为国家公益彩票，

坚持"来之于民，用之于民"的发行宗旨，

通过向社会发行体育彩票筹集公益金，

广泛用于社会公益事业和体育事业，

致力于"建设负责任、可信赖、健康持续发展的国家公益彩票"。

26年来，中国体育彩票的公益力量随处可见。

我们身边的健身路径、运动场馆，和每一个人息息相关的社会保障、教育助学、扶贫、抗震救灾等社会公益事业，都有体育彩票公益金的力量蕴藏其中。

现在这个伴随我们长大的公益品牌要征集自己的"形象代言人"了!

体彩吉祥物征集大赛正在进行中!

你未必光芒万丈,但始终温暖有光。

快来开动创意之力,助力体彩,光芒焕新。

资料来源:国家体育总局体育彩票管理中心官网,http://lottery.sports.cn。

案例思考:

(1)吉祥物对于中国体彩品牌形象塑造有何作用?

(2)向公众征集设计方案对于促进体彩品牌与彩民和社会公众的关系有何积极作用?

(3)你认为这样的活动如何才能吸引更多的年轻人(包括彩民和潜在彩民)参与?

参考文献

[1] Bernd H. Schmitt, David L. Rogers. Handbook on brand and experience management [M]. Northampton, MA: Edward Elgar Publishing, 2008.

[2] Bernd H. Schmitt. Customer Experience Management: A Revolutionary Approach to Connecting with Your Customers [M]. Hoboken, NJ: John Wiley & Sons, 2003.

[3] Bernd H. Schmitt. Experiential Marketing: How to Get Customers to Sense, Feel, Think, Act and Relate to Your Company and Brands [M]. New York: Free Press, 1999.

[4] B. Joseph Pine, James H. Gilmore. The Experience Economy: Work Is Theatre and Every Business a Stage [M]. Cambridge, MA: Harvard University Press, 1999.

[5] Crawfprd W, Gorman M. Future libraries: dreams, madness, reality [M]. Chicago: American Library Association, 1995.

[6] Don E. Schultz, Stanley I. Tannenbaum, Robert F. Lauterborn. Interg-

rated Marketing Communications ［M］. Lincolnwood，IL：NTC Business Books，1993.

［7］Pankaj Aggarwal. The Effects of Brand Relationship Norms on Consumer Attitudes and Behavior ［J］. Journal of Consumer Research，2004，31（1）：87 – 101.

［8］Robert W. Palmatier，Ragiv P. Dant，Dhruv Grewal，and Kenneth R Evans. Factors influencing the effectiveness of relationship marketing：a meta-analysis ”［J］. Journal of Marketing，2006（70）：136 – 153.

［9］郭志. 彩票 2 元价格变不得吗 ［J］. 国家彩票，2016（6）.

［10］凯文·凯勒. 战略品牌管理（第 4 版）［M］. 吴水龙，何云，译. 北京：中国人民大学出版社，2014.

［11］王跃梅，高海霞等. 服务营销 ［M］. 杭州：浙江大学出版社，2011.

第5章
营销沟通与彩票品牌资产创建

5.1 营销沟通的概念及其与彩票品牌资产创建的关系

5.1.1 营销沟通的概念

营销沟通（marketing communications）是公司通过直接或间接的方式，就自己的品牌与消费者进行沟通，以实现对消费者的告知、提醒或说服等。因此，营销沟通就是让品牌发出"声音"，是品牌与消费者对话和建立关系的重要手段。虽然一个营销传播方案的核心往往是广告，但对品牌资产的创建来说，广告并不是唯一的，甚至不一定是最重要的元素。除了广告外，对中间商的促销（如各种补贴等）、对消费者的促销（包括降价、折扣、返款、各种在线沟通等）、各种事件营销和赞助等公共关系活动，都是营销沟通的手段。

5.1.2 营销沟通如何促进彩票品牌资产创建

不管是广告还是其他传播方式，不管它们在传播方案中扮演何种角色，所有的营销传播战略都必须基于一个重要的目标，即有助于品牌资产的创建和积累。根据基于顾客的品牌资产模型，营销传播可以通过建立品牌认知，在消费者的头脑中产生强有力的、偏好的和独特的品牌联想，促使消费者对该品牌形成正面的判断或者感受，建立密切的顾客品牌关系和强烈的品牌共鸣，构成基于顾客的品牌资产。此外，在形成理想的品牌知识结构方面，营销传播方案有助于产生顾客的差异化反应，形成基于顾客的品牌资产。

5.1.3 信息处理模型及对彩票品牌沟通的启示

从消费者的视角来看，品牌沟通的过程是消费者对品牌信息进行处理的过程。我们要清楚消费者在这个过程中具体如何进行反应，每个阶段的关键点是什么。

传播的信息处理模型表明，用任何形式的沟通手段来说服人，都必须经过以下六个步骤。

（1）展示：他必须看到或听到这个信息。

（2）注意：他必须注意到这个信息。

（3）理解：他必须理解信息的内容或意图。

（4）反应：他必须能对信息做出积极反应。

（5）意向：他必须打算根据传播的信息采取行动。

（6）行动：他必须真正地采取行动。

制订一个成功的营销传播方案，其难点在于六个步骤中的每一步都必须出现，如果有一个环节出现了问题，传播就是不成功的。例如，发起一次新的彩票品牌的广告活动可能存在以下问题。

（1）彩民可能没有看到广告。比如，在某报纸上做的广告，可能是因为彩民现在很少去接触纸媒而被忽略。

（2）彩民可能没有注意到广告。比如，一个彩票玩法的促销广告，可能是因为活动太缺乏新意，而导致无人关注。

（3）彩民可能没有理解这则广告。比如，一个新彩票玩法的促销广告，可能是因为彩民对其缺乏学习和了解，而无法领会到促销活动的价值。

（4）彩民可能没有做出积极反应，并形成积极的品牌态度。比如，一则关于彩票的公益广告，可能是因为内容太过空洞让彩民没有感觉，或者感觉不真实。

（5）人们可能没有购买意向。比如，一些高端消费者可能会觉得买彩票是较低层次的人才会做的事情，因而没有购买意向。

（6）消费者可能最终并没有真正购买该彩票。比如，消费者也许对某个彩票玩法感兴趣，但在他日常工作和生活的现实场景中，并没有什么机会去接近彩票销售的渠道。

因此，要增加彩票品牌营销传播活动的成功率，必须使每一个步骤都尽可能成功。

案例 5 - 1　华盛顿刮刮乐广告："擦出美丽景色"

广告中，一个男子带着好心情从房间走出来，但是对面的风景简直可以用脏乱差来形容，不堪入目。这时出现了一只手，慢慢刮开前方的风景，竟是令人心旷神怡的海边日出的景象。美丽的场景瞬间让这名男子又重新感到开心。片尾的广告词是：刮刮乐，让你想象美好的一天。

案例思考：

请按照传播信息处理模型中的六个步骤对该广告进行分析。

5.2　制订整合的彩票品牌营销沟通方案

5.2.1　整合营销传播方案的标准

在评估整合营销传播方案的整体影响时，最重要的目标是要创造最有效果和最有效率的传播方案。以下是六个相关的评价标准（凯文·莱恩·凯勒，2014），简称"6C"，包括：覆盖率（coverage）、贡献率（contribution）、一致性（commonality）、互补性（complementarity）、通用性（conformability）、成本（cost）。

该 6C 模型在彩票营销中可以具体理解为以下几个方面。

（1）覆盖率。一个彩票传播方案的覆盖率与所采取的每个传播方案能够覆盖的受众比例以及各种传播方案之间的重合度有关。

（2）贡献率。这是指在没有其他任何传播方案的情况下，特定营销传播方案对彩民的影响效果。营销传播可以起到多种作用，比如建立知名度、提升品牌形象、促进彩民积极响应、刺激购买等，每种营销传播方式的贡献率取决于其发挥作用的程度。

（3）一致性。这是指不同传播方案传递相同信息的程度。无论选择哪些传播手段，整个营销传播方案都应当很好地进行协调，以建立起统一的一致的品牌形象，以确保品牌联想具有共同的内容和含义。品牌形象的一致性和内聚性是很重要的，因为它决定了现有的联想被回忆起来的难易程度，以及额外增加联想的难易程度。在整合营销传播理念中，一致性是至关重要的。

（4）互补性。这是指不同的传播手段能够互相加强、互相补充，以达到建立理想的消费者品牌知识的目的。

（5）通用性。这主要指营销传播方案对不同顾客群体的有效性程度。比如，对于一个彩票品牌公益广告，有的彩民可能已经有所了解，有的可能并不了解，营销方案应该能够对这两个群体都进行有效传播。当然，到底是强调对不同彩民群体的通用性，还是通过差异化的方案与不同的彩民群体进行差异化沟通，这需要根据具体问题来具体分析。

（6）成本。在对彩票营销传播方案进行评价时，既要考虑上述效果，还要考虑它们的成本。

5.2.2　如何强化彩票品牌传播效果

这里要解决两个问题。第一个问题是如何让消费者记住相应的广告。也就是说，要让消费者对广告感兴趣，或者至少是有印象。为了达到这个效果，常常需要采用一些创意策略，如幽默、音乐、特效，以及其他一些受众感兴趣的主题等。这往往能够成功地抓住人们的注意力，但也很容易带来另外一个负面问题，即人们被广告的这些特性所吸引，但却可能因此忽略广告沟通的主角，也就是相应的彩票品牌。

因此，第二个问题就是如何让消费者注意广告中的品牌，而不仅仅是代言人或者剧情。如何解决这一问题？营销者可以采取的策略是，让品牌名称和其他品牌相关信息醒目地出现在广告中，尽可能清晰地传达出来，从而增大被消费者记住的可能性。不过通常品牌名称比较容易被回忆起来，而其他品牌相关信息，包括品牌理念、品牌价值，要进行传达和识记，则需要更强的广告创意功力。

＊案例 5－2＊ 《Danielle》——2017 年西班牙"大胖子"圣诞彩票广告

短片一开场就非常吸引人。一个彩色的光球飞向地球，因为它的到来，一对中年夫妻的手机和车载收音机失去信号。坐在后排的老人看到了光球，问是不是外星飞船，然而夫妻俩只当是月亮，并没有在意。车子开过，光芒越过地面和一只小狗，落在森林里的广告牌上。光球幻化成美丽的女主角出现。她一脸茫然，带着狗狗走出森林，来到城市。女主角对一切都充满了好奇，她来到了买彩票的队伍。时值冬季，她却穿着裙子，与周围格格不入。这时，男主角出场了，他来买彩票。女主角回头，男主角问女主角是不是也在排队，却看到女主角一脸茫然。在彩票售卖点，一位工作人员看见女主角的狗想起了自己死去的宠物狗，另一位工作人员则催促女主角赶快选彩票号码，因为后面还有很多人在排队。女主角根本不知所措，这时，男主角上前帮助她选了号码，并付款为自己和女主角买了一样的两份彩票。出了售票处，男主角自我介绍说他叫丹尼尔。女主角却模仿他说话，"好吧，我是丹尼尔"。丹尼尔有些疑惑，不过他随即想到女主角应该是叫丹妮尔，"女字旁的丹妮尔是不是？"丹尼尔与丹妮尔道别，不过丹妮尔被他的举动吓到了，丹尼尔解释说这是西班牙的礼仪。道别后，丹尼尔觉得自己可能遇到了醉鬼。

镜头切换到另一天。原来丹尼尔是马德里的一名导游，正在为旅游大巴的乘客介绍沿途景点。这时，他恰好看见了丹妮尔。丹妮尔拿了棉花糖没付钱，被老板抓住。丹尼尔冲下车，帮丹妮尔付了钱。丹尼尔带丹妮尔去吃火腿，并教她火腿的西语说法。路上，丹尼尔担心女主角没有他的帮助无法生活，他说如果中了彩票丹妮尔就可以带他去她的国家。丹妮尔有些不太明白，男主角开始介绍彩票。"这儿有个传统，如果有人中奖的话，大家就会在买彩票的地方互相拥抱，举杯庆祝。"丹尼尔再次介绍自己，女主角也开心地学着重复着自己的名字——丹妮尔。街上，工人正在布置圣诞彩灯。丹尼尔说现在还没亮灯，这时丹妮尔用意念点亮彩灯，当然丹尼尔只以为是他们幸运才刚巧赶上。他们坐地铁回到丹尼尔和朋友埃杜合租的公寓。

丹妮尔睡着了，男主角为她盖上毯子。半夜，丹妮尔可能在睡梦中想到了棉花糖，在意念的作用下很多棉花糖出现在公寓里，男主角也在此刻惊醒。丹尼尔推开房间的门看见女主角，在他们彼此逐渐靠近的时候，闹钟响了。原来是一场梦。但丹尼尔感觉自己的梦境和丹妮尔的是相通的，他把自己的奇特感受告诉了埃杜。埃杜则开玩笑说丹妮尔可能来自其他星球，恰好落在西班牙。丹尼尔和丹妮尔离开地铁希望站（Esperanza）的出口，丹尼尔要去上班，他与丹妮尔相约晚上在这里见面，丹尼尔叮嘱丹妮尔不要忘记站名，也不要再去抢东西。傍晚，丹妮尔回到森林，把这段时间的记忆分享到带她来的光球里。回来的路上，她惊奇地看着周围的景物和来来往往的人们，她的脸上渐渐露出了欢喜的表情。丹妮尔随后度过了一段甜蜜的地球生活。每天晚上，他们的梦境都相连。一天晚上，丹尼尔向丹妮尔表白，丹妮尔听懂了，两人成为恋人。

之后的某一天，丹妮尔还是像往常一样走到地铁希望站，不过地铁站在施工，她被拦在了外面。丹尼尔没有等到女主角回家十分着急。丹尼尔则在他们走过的路上不断重复地铁站的名字，试图找到回家的方法。丹尼尔一直等在地铁站旁边，但并没有遇见女主角。埃杜安慰丹尼尔，告诉他女主角可能回去了自己的国家。丹尼尔找不到丹尼尔，她伤心地想要离开地球，不过她还是想先安顿好狗狗。时间来到了开奖当天，丹尼尔得知自己中奖。丹尼尔在售票处接受采访，并试图通过电视找到女主角。然而，丹妮尔没看见电视。丹尼尔离开后，丹妮尔来到售票窗口，把狗送给了失去宠物的工作人员。丹妮尔跟周围的路人道别，决定离开。就在此时，从她身后传来了一个熟悉的声音，她与丹尼尔相遇了。两人喜极而泣，拥吻在一起。晚上，丹妮尔回到森林，把美好的记忆传给光球，她决定留在地球。光球独自离开，穿越地球，消失在了灿烂星空中。

资料来源：根据中国国际电视台西班牙语频道（CGTN-Español）视频整理所得。

＊案例 5－3＊ 《又到了 22 号》——2018 年西班牙"大胖子"圣诞彩票广告

每年西班牙"大胖子"彩票的圣诞广告都非常有创意。2018 年他们的广告名称是：《又到了 22 号》（22 otra vez）。

广告的男主角叫胡安，是一位开了家小店帮人配钥匙的大叔。他日复一日，过着平静而孤独的生活。胡安不善交际，每天最大的社交就是去喝杯咖啡。影片对一些小细节的设计也非常用心，比如咖啡吧的号码也是 22。明天就是开奖日了，老板娘听说胡安没有买圣诞彩票，就友善地提出和他一起分享一张，但胡安决定还是自己买一张。

胡安回去继续工作。下班了，胡安正在锁门，一位姑娘匆匆赶来要配钥匙，被胡安冷漠地拒绝。邻居热情地跟胡安打招呼，他也视若无睹，自顾离开。12 月 22 日，彩票开奖日终于到了。很多人都中了奖，胡安也中了。他开心极了，晚上躺在床上都不由得笑出声来。但接下来，奇怪的事情发生，一觉醒来，胡安发现，他又在重复着刚刚过去的一天发生的事情，也就是说，时间定格在了 12 月 22 日。"这一天是我经历过的啊！"如果能预知，你会做什么？哈哈，当然是买彩票啦。于是男主角胡安开始了每天买彩票、每天中大奖的日子。他上了电视，成了大明星。

这样的日子一天天重复，胡安却开心不起来了。原来中大奖的感觉并没有那么快乐……胡安在咖啡店再次遇到那个要配钥匙的姑娘，才知道她因为照顾生病住院的父亲，连圣诞彩票都没有买。这时，胡安的内心也在发生变化，他破天荒地提出和要她分享同一张彩票。中奖号码公布，胡安的彩票中了 400 万欧元，他坚持与姑娘一起分享。姑娘喜极而泣，激动地拥抱了胡安。胡安的脸上也终于露出了笑容。

广告的最后，日子终于推进到 12 月 23 日。原来只有与人分享幸运和快乐，生活才能继续下去啊！

资料来源：根据中国国际电视台西班牙语频道（CGTN-Español）视频整理所得。

案例点评：

西班牙"大胖子"圣诞彩票广告在品牌沟通方面有几个成功之处。第一，尽管每年的剧情都不同，但却始终如一地传递同一个品牌理念，即：彩票的美好在于可以和最爱的人分享喜悦。这也是整合营销理念的一个关键点，也就是品牌沟通方式和途径可以不同，广告也可以不断推出新的版本，但必须服务于共同的品牌定位目标。第二，擅长用讲故事的方式跟彩民进行沟通。同一个彩票品牌，同一个品牌理念，如果用简单的方式进行直接宣传，很容易让人厌倦。但故事却可以常变常新，通过吸引人的剧情设计和好的表演达到理想的传播效果，不仅可以吸引彩民的关注和兴趣，甚至可以引发彩民的自动转发，这在社交媒体时代尤其具有实际意义。

案例思考：

如果在我国市场开发一种针对春节的彩票，你认为该彩票品牌应该如何命名、定位？并请为其设计一则品牌广告语和一个广告创意方案。

5.2.3 用讲故事的方式进行彩票品牌沟通

5.2.3.1 为什么"讲故事"是一种好的沟通方式

人类天生喜欢故事。以故事表达奇思妙想、喜欢聆听故事、从故事中学习、为别人传颂故事，这是人类与生俱来的能力。从认知心理学的角度而言，大脑决定了人们喜欢用说故事的方式来进行交流。人类主要靠各种故事和叙事架构来理解、回忆和规划自己的生活。自古以来，人类就喜欢以说故事的方式和别人进行沟通。

人类不易记住事实，但容易记住故事。尤其是在时间和知识碎片化的今天，人们对庞杂的信息难以处理，更难识记，通过讲故事的方式来宣传品牌，更容易被消费者所理解和识记。同时，故事可以将品牌的优势、价值理念等巧妙地融入其中，并通过生动的描述激发人们的共鸣，更加容易令消费者对品牌产生的积极的情感，促进品牌认同。

同样，彩票品牌通过讲故事的方式，更容易和彩民进行沟通，更容易提升彩民和社会公众对彩票品牌的认知和认同，创造积极的情感体验。前面案例中描述的西班牙"大胖子"圣诞彩票广告，就是通过有创意的故事情节和演员精彩的演绎，令彩民和社会公众在领略广告片的同时，对该彩票所传达的理念有了清楚的认知，并提升了认同感。这种方式，要比说教式地向彩民宣传健康的购彩理念有效得多。

＊案例 5 – 4＊ 你并不孤独——西班牙 2015 年"大胖子"圣诞节彩票广告
Justino

杰斯汀那是一名模特工厂的保安员，这位大叔的工作是每晚 22 点起床，然后到达工厂开始值夜班。当班的时候，他没有任何同事陪伴，但在他的周围有数不清的人物模特模型，他的孤独不言而喻。

在日复一日的夜晚巡逻中，他偶尔也会发现一些他同事白天留下的小细节。有一天他突发奇想，要通过这些假人模特和白天的同事进行互动和分享。于是，白天上班的同事在每天来到工厂时，常常有意想不到的快乐和惊喜在等着他们。在圣诞节前夕，值夜班的杰斯汀那还大费周章地用假人做了一棵大圣诞树，并利用多米诺骨牌效应，让同事感受到了圣诞树突然被点亮的惊喜。

不过这些毕竟都是不见面的交流。模特工厂业绩节节攀升，杰斯汀那仿佛被人遗忘也被自己遗忘了。公告板上的圣诞彩票信息一直在更新，但杰斯汀那对它毫不关心。他每天重复着自己的生活。

圣诞节开奖的日子到了，电视机里显示，这家模特工厂里很多员工竟然因为合买彩票都中了奖，大家欢呼雀跃。晚上 10 点的闹钟响了，杰斯汀那照例起身去工厂值班。路上，他又看到同事们中奖的信息，不过，这跟一个值夜班的人有什么关系呢？他照例要一个人面对这个孤独的夜班。他进到公司走进电梯。可就在电梯门打开的一刹那，他眼前突然出现了一个假人模特，就像他无数次为同事们制造惊喜那样，假人模特站在那里，手里呈上了一张彩票。原来，是同事们早就帮他买好的。这时，灯光突然亮了，"砰"的一声香槟开启，那些从未碰面的白天的同事们出现在他的眼前，大家一起鼓掌，向他祝贺，一起分享中奖的喜悦。

"当你为别人带来惊喜时，也会为自己带来更多惊喜。"这就是分享的喜悦。

资料来源：根据中国国际电视台西班牙语频道（CGTN-Español）视频整理所得。

案例点评:

这说明好的品牌故事还需要精心的制作。在社交媒体时代,优秀的广告作品还能有效地引发转发和热议,产生扩散的传播效果。

案例 5 – 5 *December 21st*——西班牙 2016 年"大胖子"圣诞节彩票广告

主人公卡梅娜是一个退休教师,居住在西班牙的一个海边小镇上。12 月 21 日清晨,卡梅娜看到电视上播放的圣诞节彩票开奖的画面,误以为自己中了大奖。卡梅娜非常开心,她迫不及待地把这个好消息与自己的亲人和邻居分享。

一开始听到"好消息"时,人们的表情很尴尬,因为真正的开奖时间在 12 月 22 日。但没有人想要破坏卡梅娜的喜悦,而卡梅娜的儿子和孙子出于对她的爱和支持决定让这场庆祝派对继续下去。在他们的组织下,整个小镇的人一起加入了这场"演出",他们用香槟庆祝、敲响了教堂的铃声、策划了新闻采访,甚至在当地警察的带领下,在本地灯塔下举办了一个盛大的派对。

卡梅娜的邻居包容了她的"误解"行为,在这场庆祝中,赢得大奖反而已经成了次要的。广告延续了西班牙彩票广告的主题"分享才是最棒的奖赏(There's no bigger prize than sharing)"。

资料来源:根据中国国际电视台西班牙语频道(CGTN-Español)视频整理所得。

案例点评:

不管具体的品牌故事如何,打动人心的其实是一些永恒的主题,如爱和分享。

5.2.3.2 品牌故事中"故事"的含义及其在彩票品牌沟通中的应用

(1)故事的基本含义。故,过去的。故事,是指以往发生的事情。这种事情可以是真实的,也可以是虚构的。比如西班牙"大胖子"彩票中很多故事都是虚构的,但因为情节生动感人,所以也能很好地打动彩民和社会公众。

(2)故事是指叙事性文学作品中一系列为表现人物性格有因果联系的、

展示与主题相关的生活事件。在彩票品牌广告中，故事常常就是通过一系列的人物设定和彼此之间的关系、事件等层层展开，达到引人关注的效果。

（3）故事也曾被界定为一种文学体裁，侧重口头描述。但今天品牌故事可以以多种形式呈现，文字、声音、图片、视频等都可以用来做传播的媒介。

（4）故事可以是虚构的，但情感一定是真实的，可以引起共鸣的。只有这样的故事才能真正打动彩民和受众。所以说教式的或者虚假地陈述一个故事，并不能达到预期的效果。

5.3　彩票品牌传播的放大器

公共关系与宣传可以称作是彩票品牌传播的放大器。公共关系宣传是指有计划地制订保护或促进品牌形象的活动方案，形成资料，并进行宣传。这里所说的宣传包括新闻发布会、媒体访谈、专题文章、新闻简报、照片、影像等所有非人际性的传播方式。由于是面向广大社会公众开展活动，并借助新闻媒体进行媒体传播，因此能起到很好的品牌传播效果。

＊案例 5 - 6＊　2017 年"与爱同行　广东体彩快乐操场"携手奥运冠军启航

走路就能做公益，还有机会获得体育彩票大乐透电子体验券——广东体彩联合广东省青少年体育联合会携手举办的"快乐操场"再次开启，你走路，我捐钱，还不来约？

2017 年 5 月 20 日，2017 年"与爱同行　广东体彩快乐操场"暨广东优秀运动员支教公益活动启动仪式在肇庆七星岩牌坊广场举行，广东省体育局巡视员曾晓红，广东省体育局副局长、广东省青少年体育联合会会长高敬萍、肇庆市人民政府副市长陈宣群、奥运冠军冼东妹、奥运冠军罗玉通、奥运冠军教练胡恩勇等领导嘉宾出席了本次启动仪式。罗玉通还代表省退役优秀运动员接受了支教的授旗。"与爱同行　广东体彩快乐操场"暨广东优秀运动员支教公益活动以"我参与、我健康、我快乐"为主题，旨在倡导民众健康生活的同时，动员号召社会爱心人士关心支持少年儿童健康快乐成长。2017 年

5 月 20 日至 6 月 19 日期间，参与者将日常行走步数按"3000 步兑换 1 元钱"的规则兑换由广东体彩出资的 50 万元公益经费，为全省缺乏体育器材和师资的中小学援建 25 所"快乐操场"。

"快乐操场"面向全省体育设施条件较为落后的公立中小学，采取公开申报、网络投票、社会公众代表评审等公开方式产生，入选学校除获得价值 2 万元的体育器材和运动设施资助外，还可获得由奥运冠军领衔的广东省优秀运动员的支教。让少年儿童从小树立"爱运动、强体魄"的观念，让缺少体育器材和专业体育教师的孩子们都能"每天快乐运动一小时"。

当天广东体彩、广东青体联、社会爱心人士等千余人现场开展了亲子公益行活动。8：30，大家从肇庆市七星岩牌坊广场出发，途经星湖观礼台→伴月湖公园→百丈堤→波海公园→绕波海湖一圈后返回西提沿原路线返回终点，全程约 10 千米。行进现场充满了欢声笑语，行进结束后，大家纷纷打开手机现场捐步数献爱心。

为号召更多的社会人士参与到公益事业中，凡是参与捐步的爱心人士均有机会获得价值 10 元的体彩大乐透电子体验券，可在全省任一体育彩票投注站兑换 5 注单倍机选的大乐透彩票，活动期间每天抽取 1000 名，总共派发体验券 31000 张。每周连续七天都成功捐步的用户，另有机会赢得 100 元电话充值费。

资料来源：广东体彩官方微信，https：//mp. weixin. qq. com/s/aVg8MOneV8OlsqlraXT-FmQ。

案例思考：

（1）案例中的公共活动有哪些做法值得借鉴？

（2）彩票品牌的公关活动如何才能取得更好的品牌宣传效果，试列举一些可操作的措施。

参考文献

[1] 凯文·莱恩·凯勒. 战略品牌管理（第 4 版）[M]. 吴水龙，何云，译. 北京：中国人民大学出版社，2014.

第6章
通过次级品牌杠杆创建彩票品牌资产

6.1 次级杠杆的概念、来源和理论基础

我们已经知道，品牌知识对于建立强有力的、偏好的和独特的品牌联想具有重要作用，也就是对创建品牌资产具有重要作用。但品牌知识的来源，并不仅限于品牌本身。因此，如何有效利用品牌以外的资源来创建品牌资产，就是本章要讨论的内容。

消费者同时具有其他实体的知识结构，可以想办法让品牌与这些实体联系起来。这种联系会促进消费者进行假设或推断，即这些其他实体具有的一些特征或联想可能是某品牌所具有的。当然如何建立这种联系并导致相关推断，需要在营销策略上下功夫。无论如何，如果现有品牌联想不理想，那么，通过其他实体来建立强有力的、偏好的和独特的品牌联想就成为重要的战略途径，这些实体被称作品牌知识的次级来源。品牌知识的次级来源有哪些，可以详见图 6–1（王海忠，2014）。

利用品牌知识的次级来源创建品牌资产的方式被形象地称作品牌杠杆。古希腊物理学家阿基米德有一句名言："给我一个支点，我可以撬起整个地球。"这句话生动地揭示了物理学上的杠杆原理。在品牌管理中，品牌杠杆对于打造和提升品牌价值同样具有重大意义。对于品牌来说，所谓找到好的支

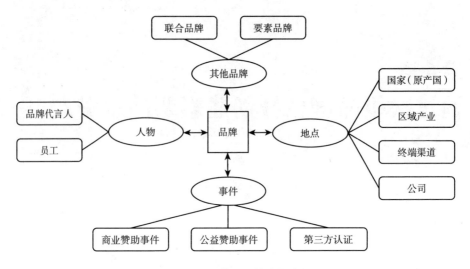

图 6 - 1 品牌知识的次级来源

点，就是能够有效地利用品牌的外部资源，从而事半功倍地创建强势品牌。由于这些资源并不属于品牌自身，而是来自品牌之外，所以常常被称作"次级品牌杠杆"。

在此，我们把次级品牌杠杆正式定义为：通过整合品牌的外部资源，与外部实体建立联系，将人们对外部实体的积极态度、印象、评价等转移到品牌上来，从而建立强有力的、偏好的和独特的品牌联想，以达到建立品牌资产的效果。

次级杠杆之所以有助于创建品牌资产，源于四大理论基础（王海忠，2014）。

（1）信息源可信度理论（source credibility theory）。信息源是指信息的来源，是信息传播的起点。信息源可信度是指信息发出的源头（人或物）在人们心目中所具有的专业性、客观性、可靠性。信息源可信度对信息是否被接受有很大的影响。而信息源可信度的两大维度是专有能力和诚信。

（2）情感迁移模型（affect transfer model）。情感迁移模型认为，消费者会将对外部实体的情感转移到品牌上。外部实体的情感转移有两种路径。第一种：直接迁移。当外部实体与品牌之间的关联度很紧密时，可以发生直接迁移。比如，当外部实体是母品牌时，消费者对延伸品牌的态度就通过直接迁移模式发生作用。第二种：间接迁移。大多数情况下，外部实体的态度和情感并不能直接迁移到品牌上，这要受到一些调节变量的影响，如外部实体与品牌之间的匹配度高低。两者匹配度高时，消费者对外部实体的好感能够顺利转移到品牌上，否则则不能。

（3）认知一致理论（cognitive consistency theory）。认知一致理论认为，人的信念或态度如果与其观点或行为发生矛盾时，就会倾向于自我调整，以达到或恢复认知上的相符、一致。当品牌与外部实体相关联时，如果外部实体的形象、个性、态度与品牌不一致，就会使消费者产生认知上的矛盾，从而进行自我调整。调整的结果可能有两个：一是消费者接受了品牌的新形象，最终认为外部实体的形象、个性、态度也是该品牌所具有的；二是外部相关实体对目标品牌的形象起到了负面作用，消费者对品牌原有的良好形象感知降低，品牌个性可能变得模糊，原有品牌资产受到稀释。

（4）分类理论（categorization model）。分类理论认为，当人们认识一个新客体时，会在已有类别知识基础上推断新成员未知的特质。人们会把新客体与现有类别相匹配，如果匹配成功，与该类别相联系的认知和情感就会转移到新客体上，评价过程完成。但如果新客体无法与已有类别很好地匹配，就会唤醒人们的精细加工过程，人们会将新客体的特征与已有类别的特征进行详细比较，根据两者相似程度来决定情感转移的程度。当然，还可能有一种情况，就是人们无法说服自己将新客体与任何已有类别的特征进行匹配，这时可能就会给该新客体建立一个全新的类别，也就是建立新品类。

6.2　彩票的分销渠道策略

消费者对彩票的品牌联想和彩票销售渠道有关，特别是在互联网售彩不被允许的情况下，实体销售网点的品牌形象对彩票品牌资产起到的间接影响尤其值得关注。

彩票销售网点通过彩票店的选址、店内装修设计、硬件配备、服务水平、顾客关系管理、销售方法和促销活动等，在彩民心目中形成网点本身的形象。

面对彩票市场内部的竞争，网点形象越好，越有利于吸引中高端彩民，有利于促进彩民忠诚度的形成。当然，一个或个别彩票销售网点的形象不足以影响市场上彩票品牌的形象，但如果销售该彩票品牌的销售渠道中大多数网点的整体形象能够提升和优化，就势必会对彩票品牌形象的提升产生显著的积极作用。比如，2018年，国家体彩中心发布《中国体育彩票实体店形象基础要素设计与使用手册》（2018版），要求各地方体彩机构在此基础上制定网点建设标准并对网点进行升级改造。这就有利于提升彩票网点的整体形象，有利于为体彩彩民提供更加舒适的购彩体验，从而提升体育彩票品牌形象。

＊案例 6－1＊　彩票店也能开成"网红店"

时尚的装饰风格，窗明几净的销售大厅，各种新奇有趣的小玩意儿，时不时飘来阵阵香气，还有络绎不绝来拍照"打卡"的顾客……这又是哪儿开了一家网红咖啡馆吗？不，这是一家体彩店！

位于武汉市武昌区体育馆路的湖北体彩武汉分中心直营店05418销售点正式对外营业，其设计理念就是打造一家"最年轻、最文艺、最新潮"的网红体彩店。说到潮，首先给你一个新概念：体验式投注！咋叫"体验式投注"？就是店内有一台大乐透模拟摇奖机，投注前自己动手摇出一个个写有号码的乒乓球，用自己亲手摇出来的幸运号码投注，没准就在娱乐中逮住了大奖！还有，进门就有一个台式桌球，模拟一番比赛后再投注竞彩，是不是更有情趣？

最撩人的，还是店里的新潮装饰，让你坐下来就舍不得走。直营店采用时下最受年轻人喜爱的设计风格，注重功能、追求理性，讲究简洁明朗的颜色，以原木、白、灰为主色调，多使用淡雅清爽的水曲柳原木材质，线条流畅，不事雕琢，寓意体彩事业始终不忘初心，以公益为本。

针对不同年龄层的客户，直营店还打造了一间中式风格休息室，借用完全透空门洞、窗口而使被分隔的空间相互连通、渗透，通过枯木山水、声音、光线乃至气味等元素达到江南园林多空间、多视点和连续性变化的特点。

一方面，直营店重视彩票购买者的细节感受，大到中央空调、一体式电脑、壁挂式直饮水设备，小到意式咖啡机、多功能抽纸架、洗手间熏香、雨伞架、前台糖果等，均力求让彩票购买者感受到舒适与便利。另一方面，直营店也十分注重文化建设。"登鸾车，侍轩辕，遨游青天中，其乐不可言。购体彩，得希望，情暖人世间，其妙在心田。"信手拈来的语句处处展示着文化底蕴；照片墙也不再只是严肃的合照，更多的是年轻一代体彩人的个性化呈现；木质的麋鹿造型即开票展架，寓意感恩彩友"一鹿有你"；卫生间的挂钩也换成攀登的小人，祝福彩友大奖唾手可得；前台镂空的云朵挂饰寓意体彩事业冲上云霄；哪怕是用以悬挂吊旗的挂钩也采用了纽扣造型，代表着体彩从业者与彩票购买者之间紧密相扣……

据了解，下一步，该直营店还计划打破传统，尝试趣味投注宝典、生活投注单、梦想菜单等更多新奇有趣的经营方式，更多地吸引年轻群体，除了通过装饰让人深切感受到"体彩店还能长这样"，更要通过经营理念让人惊叹"体彩还能这么玩"！

资料来源：湖北体彩网，https：//www.hbtycp.com。

案例点评：

该网点差异化的店内设计、创新的投注体验，有利于形成自己作为彩票销售终端的独特的品牌形象，有利于吸引年轻彩民以及中青年高端彩民。如果在规范化运营的前提下，这样富有特色和创新性的投注站多起来，就有利于体育彩票品牌的形象的提升，有利于创建积极的体育彩票品牌资产。

＊延伸阅读 6－1＊　世界各国彩票的经营模式和销售网点的情况

各国彩票零售形式，是由各自彩票管理体制决定的，也与经济发展状况、文化特色密切相关。根据《拉弗勒 2016 世界彩票年鉴》统计，目前世界上已有 200 多家彩票发行机构，年销售额达 2761 亿美元（约合人民币 18162 亿元）。彩票业已形成一个重要产业，各国也都创造了不同的管理和销售模式。按各国彩票机构的不同组织模式，目前世界各地彩票可概括为三种经营模式：政府机构直接运营、国有彩票专卖公司以及私营彩票企业运营。

第一种彩票经营模式，由政府机构直接运营。代表国家有美国、日本、韩国、泰国、希腊、印度、越南等国。这种制度强调国家对彩票经营活动的控制管理而不是商业管理。第二种彩票经营模式，采用国有彩票专卖公司管理模式代表国家有德国、法国、意大利、芬兰、比利时、葡萄牙、捷克、新加坡等国，这种结构的优势是可以发展商业文化，这些彩票公司有更大的余地把彩票当作企业来经营，而有更高的市场反应敏感度和更快的决策速度。第三种彩票经营模式，即政府允许领有彩票运营执照的私营企业经营彩票业务，如英国、澳大利亚等国家。政府裁定政策框架，实际运营实行发牌照的方式，赋予运营公司较多的运营自由，运营方的市场政策较为灵活。

下面，来了解一下世界上一些国家彩票销售及彩票销售网点的具体情况。

（1）美国·便利店的狂欢。美国各州有独立发行的彩票，也有多州联彩票，游戏种类繁多，被称为世界头号彩票大国。美国彩票一般都是在便利店、加油站以及超市出售，北美洲彩票销售网点高达24万家，零售商出售彩票可以获得5%~7%的佣金。在美国，只要是位于交通要道并具有相对较长的营业时间的各种场所，均可作为彩票销售网点。例如，加利福尼亚州，人口3500万人，彩票网点20000个。一般的州，平均1000~2000人就有一个销售网点。

每到大型乐透游戏奖池高涨时，美国人便进入了一场彩票狂欢，同国人一样，美国人也热衷于"粘粘喜气"，在一些有名的"幸运站点"，也会出现排长队的现象。

（2）日本·玩出新花样。日本是全球彩票发行大国之一，彩票由政府委托银行负责发行，每年发行量高达20亿张，主要是乐透型彩票。日本曾对4000多位15岁以上人士做过一项调查，结果显示他们当中至少有34%的人在一年之内买过一次彩票。

日本街头巷尾随处可见彩票店。日本还是全球唯一设有彩票节的国家，在每年9月2日举办，设立节日的最初目的是为了提醒民众核对手中的彩票。每年彩票节，日本电视媒体都会筹办各种彩票特别节目。日本彩票还有一个独特的"传统"——每年都会发行以幸运女神为券面图案的彩票。彩票协会每年在全国各地公开选出6位幸运女神，任期为一年，任期期间必须到全国各地进行彩票宣传活动。

（3）泰国·流动的"彩票店"。泰国是亚洲最早发行彩票的国家之一，早在19世纪彩票就由英国人传入泰国。泰国只发行一种彩票，即固定返奖率的 6 字票彩票（数字范围从 000000 到 999999）。每套彩票由 100 万张票组成，每张票售价 80 泰铢（约合人民币 16 元），每月 1 日和 16 日开奖，每套彩票产生 37 个一等奖，总奖金额为 1.11 亿铢（约合人民币 2190 万元），奖金分为 5 等，领奖期限为 2 年。泰国彩票的销售方式很独特，政府把彩票卖给批发商，再由批发商出售给注册的彩票零售商，由他们卖给普通民众。这些零售商不用租赁固定门面，而是用箱子随身携带彩票走上街头叫喊，可谓泰国旅游业一大特色。在每期彩票开奖前一个月，泰国彩票零售商们便走上街头，从城市繁华的商业区，到乡村偏僻的小路旁，各类寺庙景点门口，随处可见他们的身影。据世界彩票协会 2014 年统计，泰国彩票现有 1039 个全职雇员，40835 个注册零售商，相当于每 1641 个人拥有一个注册零售商。

（4）法国·国家彩票标准化。法国早在 16 世纪就开始发行彩票，后因宗教原因几禁几开，直至 1933 年，成立国家彩票机构，1978 年成立国家彩票公司，1991 年改名为国家游戏集团（La Francaise des Jeux，FDJ）。国家游戏集团在法国政府的监督下通过完全的公司制度运营。近年来，法国国家游戏集团也在大力推进彩票网点建设，通过当地的既有销售网点（报刊亭、烟草店以及酒吧）尽可能地覆盖更多的地区，这些网点所能购买到的彩票产品，根据网点的商业潜力和周边环境有所不同，每年的网点情况也在变化。

（5）新加坡·世界前列的城市国家。新加坡对彩票实行政府特许专营制度，1968 年 5 月，由新加坡财政部所属的彩票管理局投资组建新加坡博彩有限公司。新加坡博彩公司的销售网点主要有两种形式，一种是由公司指定分销商的销售网点，一种是公司自建的销售网点。自建的销售网点一律为专营，指定分销商的销售网点则既有专营，也有兼营。销售网点销售所有的彩票游戏，公司按销量的 1% 支付指定分销商佣金。公司对销售网点的形象建设制定了统一的标准，彩票店整体形象统一，品牌效果好。值得一提的是，作为一个只有 560 万人口的城市国家，新加坡彩票发行规模却在不断扩大，人均彩票销量稳居世界前列。

（6）英国·想怎么买就怎么买。英国彩票名为英国国家彩票（national lottery），由卡米洛特（Camelot）运营。英国有着非常成熟、多层次的彩票市场，英国人购买彩票的渠道主要为四种，分别是：通过卡米洛特公司分布在全国的零售商；通过英国国家彩票网；通过在超市收银处的快捷支付（fast pay）；以及通过移动端的 APP。据统计，超过 96% 的英国人在距其住所或上班地点两英里内就能发现一个彩票店，这得益于卡米洛特集团旗下 37000 多家的零售店的布局。

早在 2005 年，卡米洛特公司推出了一种可以让购物者在收银台处购买彩票的联名卡。只要是在标有国家彩票终端的超市使用国家彩票"Fast Pay"卡支付时，购物者就可以选择用一组自己事先设定好的彩票号码购买开奖型彩票。英国大大小小的超市收银台旁常有各种即开型彩票出售，每张价格一般是 1 英镑或 2 英镑，如果想购买的话，直接告诉收银员即开票所在的盒子号码。如果中奖，店家兑换后会给你一份中奖证明（winning ticket，只有摇奖的才会有，如果是即开票，即开票本身就是凭证）。100～500 英镑可以在零售店领取；501～50000 英镑只能到指定邮局去领取；超过 50000 英镑直接联系英国国家彩票机构。

资料来源：中国福利彩票官网，http：//www.cwl.gov.cn/。

6.3　彩票的品牌联合策略

6.3.1　品牌联合的概念

一个已经存在的品牌，同样也可以通过与本公司其他品牌或其他公司品牌发生关联，从而获得品牌联想的杠杆作用。品牌联盟（co-branding）——有时也被称为品牌捆绑品牌联合——是指将两个或两个以上现有品牌合并为一个联合品牌或以某种方式共同销售（Rao、Lu、Ruekert，1999）。

6.3.2　彩票品牌联合的形式

彩票品牌进行品牌联合的形式可以有如下几种。

（1）联合促销。两个或多个品牌一起联合起来投入某个促销活动或广告。

联合促销有利于双方销量的提高，也能够借助其他品牌扩大自身的宣传推广范围。

比如，北京体彩与支付宝进行过联合促销。从 2016 年 12 月 10 日起，只要在北京各大商超用支付宝结账，就有机会免费获得体彩大乐透兑换券，然后凭券到体彩网点即可免费兑换大乐透彩票。这样的联合可以帮助体彩接触到支付宝的大量用户，甚至获得用户的大数据，增加对用户行为的洞察。同时，这也可以吸引年轻彩民对体彩的关注，提升其品牌认知。

（2）商业联盟。主要是两个或多个品牌在更广义的营销范围内相互联合，最典型的比如航空公司的星空联盟。各家航空公司的乘客可以在联盟内部航班之间签转，提高了联盟各成员的上座率和利润，提升了联盟内所有成员的品牌价值。目前，在彩票行业这样形式的品牌联合还比较少。

（3）合作营销。是指两个或多个品牌共同融入营销活动中。与联合促销不同的是，合作营销更看重中长期的合作，其目标可能不一定在于促进销量的提高，也可以是为了提升品牌知名度、美誉度等；与商业联盟不同的是，商业联盟更多是行业内的不同公司或品牌之间的联合，而合作营销则更可能是跨界的。比如，2017 年，顺丰控股参股公司顺丰彩科技发展有限责任公司协助国家体彩中心设计、研发以顺丰快递元素为主题的纸质即开型彩票，获得财政部审查批准。这款彩票被称为"丰彩主题即开票"，简称顺丰彩，是全国首款能够将物流网络与彩票业务全面渗透和结合的产品。顺丰彩体现了来自不同行业的公司之间的合作营销，而且这种合作是中长期的。不过，未来要提高顺丰彩品牌知名度，提升品牌形象，促进消费者购买，还需要营销策略的进一步配合。

（4）合资企业。双方或多方共同创造一个全新的产品或服务，这是品牌联合的极端形式。这种形式目前在彩票行业也是罕见的。

通过品牌联合，可以借用对方的品牌为自身服务，从而促进消费者对本品牌的联想，提升自身的品牌资产。在开发或进入一个新的目标市场时，这种方式可能会帮助品牌快速切入，同时降低导入成本。当然，品牌联合也有一些潜在的问题，比如，当一个彩票品牌与另一个品牌联合时，如果相关联的品牌出了负面事件或丑闻，就会导致彩票品牌受到影响。同时，不合适或不恰当的品牌联合还可能会稀释彩票品牌已有的品牌价值，模糊其定位。

6.4　彩票的广告代言人策略

6.4.1　彩票与名人代言

代言人对彩票品牌联想的影响主要可以用信息源可信度理论和情感迁移模型来解释。根据信息源可信度理论，为彩票品牌代言的名人或明星越专业，越被消费者感知客观、可靠，其代言的信息越容易被消费者和公众所接受。

早在 2005 年陈小敏、冼东妹、劳丽诗等八位雅典奥运会的冠军接受了广东省体彩中心的邀请，成为"广东体彩形象大使"。从此，越来越多的奥运健儿担任了体彩形象大使。2009 年，自强不息的桑兰成为体彩形象代言人。2009 年 2 月 18 日晚，她亲手摇出了大乐透第 09018 期 2 注 628 万元大奖，被彩民称为"幸运女神"。孙杨、叶诗文、陈若琳、吴静钰、李雪芮等多位奥运冠军也先后成为中国体育彩票的代言人。

运动员往往给人一种踏实、诚信的形象，体育运动事业的发展也直接受益于中国体育彩票事业的发展，因此，体育明星、奥运冠军是比较可信的信息源，他们担任体育彩票的形象大使，可以促进消费者和公众对体育彩票品牌的信任和认同。此外，近年来也有一些省级福彩中心聘请当地的行业道德模范作为"公益大使"，他们不具明星光环，但是更具有道德上的说服力，能促进人们对彩票品牌的"公平、公开、公正"的形象感知。影视明星高圆圆也积极参加公益活动，并在中国慈善排行榜颁奖盛典中写下了"公益彩票，让世界更精彩"的题词。

艺术家与彩票联姻始于 2010 年 11 月的《京彩京韵》主题彩票发布。京剧艺术家尚长荣、叶少兰、李维康、耿其昌、赵葆秀、于魁智、孟广禄、李胜素鼎力支持。

当然，将明星作为信息源，常常还是因为他们足够有名，能引起人们的关注。这对于新上市的彩票品牌不失为一种迅速为人所知的方式；对于已有的希望能改进或提升品牌形象的彩票品牌而言，也是容易见效的途径。

而且，使用名人或明星作为彩票代言人，除了要考虑可信的信息源之外，更要善于利用情感转移模型。因为彩票品牌不仅要建立可信的形象，更需要与彩民建立亲密的关系，取得彩民情感上的认同。这时，采用受众喜爱的代言人，有利于这种积极情感从代言人身上迁移到所宣传的彩票品牌上。当然，要想顺利完成这种转移，或者要想达到更好的效果，要求两者之间的匹配度要高。但有时，明星的光环非常耀眼，只要形象不显著冲突，也不一定非要有很高的匹配度，就能达到较为显著的效果。

目前，国内对采用彩票代言人的思路还可以进一步打开。除了体育明星之外，一些为年轻人所喜爱的歌星、影星、团体及其他名人，特别是同时具有较好的公益形象的话，都可以考虑。这有助于拉近彩票品牌与年轻彩民以及中高端彩民之间的心理距离，同时赋予彩票更为年轻、时尚、娱乐的品牌形象。

6.4.2　名人彩票代言的原则

（1）关联原则。也就是名人应该与彩票品牌有某种关联，只有具有这种关联，才能增加代言的可信性感知。比如，体育明星为体育彩票代言，因为体育彩票助力了体育事业的发展，从而也对体育明星个人的成长有帮助，两者具有内在关联性。当然，前面也讨论过，一些具有良好公益形象的娱乐和影视明星都可以公益性为关联，成为彩票品牌的代言人。

（2）连贯性原则。也就是说只要品牌定位保持不变，在不同时期或不同时代选取品牌代言人时，注意要使得品牌在所传达的品牌理念、形象以及品牌个性上具有连贯性。在烟草品牌中，万宝路就因为代言人的选用而成功地塑造了万宝路男人"Marlboro Man"的形象，特别是在品牌发展初期的很多年里，尽管选拔的具体代言人时常更换，角色也包含了西部牛仔、农场主、陆军军官等不同形象，但都始终如一地塑造了一致的品牌形象。

（3）匹配性原则。如前所述，彩票品牌代言人与品牌本身应该匹配。这种匹配可以是专业上的匹配，也可以是形象或个性上等方面的匹配。主要在于能够促进消费者对相关信息加工的流畅性，从而达到更好的代言效果。根据信息加工流畅性模型，当消费者感知两者不匹配时，对信息加工会感到吃力，这种不好的体验会让消费者潜意识推断为是代言的品牌本身不好。而当两者匹配时，消费者对信息的加工很流畅，这种流畅性感知有利于消费者做出对品牌的积极推断。因此，具体的彩票品牌可以根据自身的玩法特点、品牌历史、想建立的品牌形象等，去选取匹配度高的代言人，这也是增强彩票品牌差异化的途径。

6.4.3　名人彩票代言的潜在问题及其应对

（1）名人光环掩盖了代言的品牌。名人或明星确实可能是带有光环，受到受众欢迎甚至追捧的。但这可能导致人们只看到名人本身，而不去留意其代言的品牌，违背了代言策略运用的初衷。

解决方案：可以通过广告创意来解决这个问题，即在广告中更突出品牌及其要传达的品牌内涵本身，让明星为品牌服务。

（2）名人代言其他品牌过多会影响本彩票品牌代言的效果。选择代言人时，营销者当然希望该明星或名人是受欢迎的、星光熠熠的、自带流量的，但这样的代言人往往也是众多公司和品牌选择的目标。由于不同品牌的形象、所属品类、代表的目标人群等都可能各不相同，这就会使受众难以记住其代言的某个具体品牌，或使消费者感觉很混乱。

解决方案：一方面选择明星时不要盲目蹭热点，而是真正要找到匹配度高的明星来进行代言，这样会让品牌更容易被识记。另一方面，还是要加强彩票广告本身的创意，使明星服务于要传播的广告主题，加强两者之间的关联，促进联想的转换，最终给受众留下清晰而独特的品牌印象。

（3）名人或明星发生负面事件时会对其代言的彩票品牌产生负面溢出。尽管选择代言人的过程可能很慎重，但也难保代言人不会遇到各种麻烦或发生丑闻事件等。名人和明星长期受媒体和公众关注，这些负面信息更容易被扩散甚至放大，这将对其代言的彩票品牌极为不利。

解决方案：一是要注意防患于未然，彩票品牌在选择代言人时，要对明星的可靠性进行评估。对那些在道德、言行举止等方面可能存在不当表现或潜在风险的名人，尽量避免合作。二是要做好危机预防和危机管理，建立相应的预警和管理机制，一旦出现负面事件，要能够快速反应，科学应对，将可能的负面损失减少到最低。

（4）消费者对明星是否真心支持所代言的彩票品牌会有疑问。事实上，消费者常常产生这种的感觉，即名人做广告仅仅是为了赚钱，其实他们并非真的信任或使用他们代言的产品或品牌。有些消费者还可能会认为花一笔巨额的代言费用本身是一种不负责任的浪费。这都与利用名人效应提升品牌形象的初衷背道而驰。

解决方案：要多渠道充分发挥名人的作用，重视整合传播。采用名人或明星做彩票品牌代言时，不要仅仅将其理解为在广告中出现几秒钟说几句话就算了，而是应该增加代言人在渠道宣传、品牌包装、促销、事件营销、推广活动等多场景和情境下的关联性和曝光度，提高代言的"深度"和"广度"，重视整合传播。

（5）明星代言定期面临更新问题。再好的代言人也不能长期使用，迟早要面对消费者的"审美疲劳"。否则会导致品牌形象老化，对目标群体失去足够的吸引力。

解决方案：彩票品牌也需要适时地更新或更换代言人，防止品牌形象"老化"。但根据连贯性原则，新的代言人要在形象、个性等方面与原有代言人保持一致，目的在于持续塑造一致的品牌形象。当然，如果需要对彩票品牌的定位进行调整或改变，这时也可以通过更换更符合新形象要求的代言人来予以实现。

＊延伸阅读 6－2＊　　老舍先生的作品——《买彩票》

老舍先生有一篇文章叫《买彩票》，其中他这样回忆少年时买彩票的情形：

我们那村里，抓会赌彩是自古有之。航空奖券，自然的，大受欢迎。头彩五十万，听听！二姐发起集股合作，首先拿出大洋二角。我自己先算了一卦，上吉，于是拿了四角。和二姐算计了好大半天，原来还短着九元四才够买一张的。我和她夯头去宣传，五十万，五十万，五十个人分，每人还落一万，二角钱弄一万！举村若狂，连狗都听熟了"五十万"，凡是说"五十万"的，哪怕是生人，也立刻摇尾而不上前一口把腿咬住了。闹了整一个星期，十元算是凑齐；我是最大的股员。三姥姥才拿了五分，和四姨五姨共同凑了一股；她们还立了一本账簿。

上哪里去买呢！还得算卦。二姐不信任我的诸葛金钱课，花了五大枚请王瞎子占了个马前神课……利东北。城里有四家代售处；利成记在城之东北；决议，到利成记去买。可是，利成是四家买卖中最小的一号，只卖卷烟煤油，万一把十元拐去，或是卖假券呢！又送了王瞎子五大枚，重新另占。西北也行，他说；不但是行，他细掐过手指，还比东北好呢！西北是恒样记，大买卖，二姐出阁时的缎子红被还是那儿买的呢。

谁去买？又是个问题。按说我是头号股员，我应当跑一趟。可是我是属牛的，今年是鸡年，总得找属鸡的，还得是男性，女性丧气。只有李家小三是鸡年生的，平日那些属鸡的好像都变了，找不着一个。小三自己去太不放心啊，于是决定另派二员金命的男人妥为保护。挑了吉日，三位进城买票。

票买来了，谁拿着呢？我们村里的合作事业有个特点，谁也不信任谁。经过三天三夜的讨论，还是交给了三姥姥。年高虽不见得必有德，可是到底手脚不利落，不至私自逃跑。

直到开彩那天，大家谁也没睡好觉。以我自己说，得了头彩——还能不是我们得吗?！——就分两万，这两万怎么花？买处小房，好，房的地点，样式，怎么布置，想了半夜。不，不买房子，还是作买卖好，于是铺子的地点、形式、种类，怎么赚钱，赚了钱以后怎样发展，又是半夜。天上的星星，河边的水泡，都看着像洋钱。清晨的鸟鸣，夜半的虫声，都说着"五十万"。偶尔睡着，手按在胸上，梦见一堆现洋压在身上；连气也出不得！特意买了一副骨牌，为是随时打卦。打了坏卦，不算，另打；于是打的都是好卦，财是发准了。

开奖了。报上登出前五彩，没有我们背熟了的那一号。房子铺子……随着汗全走了。等六彩七彩吧，头五奖没有，难道还不中个小六彩？又算了一卦，上吉；六彩是五百，弄几块做件夏布大衫也不坏。于是一边等着六彩七彩的揭露，一边重读前五彩的号数，替得奖的人们想着怎么花用的方法，未免有些羡妒，所以想着想着便想到得奖人的乐极生悲，也许被钱烧死；自己没得也好；自然自己得奖也不见得就烧死。无论怎说，心中有点发堵。

六彩七彩也登出来了，还是没咱们的事，这才想起对尾子，连尾子都和我们开玩笑，我们的是个"三"，大奖的偏偏是个"二"。没办法！

二姐和我是发起人呀！三姥姥向我们俩要索她的五分。没法不赔她。赔了她，别人的二角也无意虚掷。二姐这两天生病，她就是有这个本事，心里一想就会生病。剩下我自己打发大家的二角。打发完了，二姐的病也好了，我呢，昨天夜里睡得很清甜。

资料来源：老舍. 买彩票 [J]. 论语，1933（24）.

阅读与思考：

本书前面曾经论述过品牌故事的意义，引用名人关于彩票的论述或者描述，或者挖掘名人与彩票之间的故事，虽然不是为具体的某个彩票品牌代言，但是可以提升消费者和社会公众对彩票这个品类的认知和喜爱，从而促进彩票品牌形象提升。彩票品牌管理者和机构未尝不可以将这些故事元素巧妙地放入品牌的宣传中，从而达到好的宣传效果。对此，你有何创意吗？

6.5   彩票的活动赞助策略

对于有积极联想的事件，如果赞助品牌能与之发生关联，在一定条件下品牌就可以通过赞助事件提高品牌认知、增加新的品牌联想，或者改善既有品牌联想的强度、偏好性和独特性，从而对品牌资产做出贡献。

某个事件能转换联想的主要途径是通过可信度、通过与事件发生关联，使品牌更值得信任，或更容易受到喜爱。两者间的转换程度，取决于如何选择事件，怎样设计赞助方案以及如何将整体营销方案整合到品牌资产的创建中。

＊延伸阅读6－3＊   西班牙国家彩票发行四种纪念彩票

据西班牙国家彩票官网消息可知，2017年以来西班牙国家彩票至少陆续发行四种有重大文化或历史意义的纪念彩票，这些纪念彩票筹集的资金将用于相应的慈善机构。

"皇家歌剧院200周年"纪念彩票

4月21日，西班牙国家彩票为纪念马德里皇家歌剧院建成200周年，发行了"皇家歌剧院200周年"主题彩票。为此，国家彩票将彩票主题封面图片设定为马德里皇家歌剧院。在彩票上展示从1853年的建筑版画到2017年的建筑图片，带领大家回顾了马德里皇家歌剧院的历史。

另外，为了纪念马德里皇家歌剧院重新开放20周年及200周年诞辰，在歌剧《格洛里亚娜》上映之际，马德里皇家歌剧院推出200张仅售20欧元的黄金票，让观众们能在皇家大厅内最佳的观看区域，享受一场视听盛宴。

"雷阿尔城医学院百年华诞"纪念彩票

5月26日，西班牙国家彩票发行了以纪念"雷阿尔城医学院百年华诞"为主题的彩票，一共发行了10万套彩票，每套彩票包括10张，每张彩票价值60欧元，每张可以分为10份，每份面值为6欧元，销售总额为6000万欧元。

雷阿尔城是雷阿尔城省的首府，被誉为"皇家城市""购物天堂"。这座"皇家之城"曾经有过灿烂和辉煌，城市中留有众多的历史文化遗迹。

"城市雕像安放50周年"纪念彩票

6月2日，西班牙国家彩票在全国发行了"贝纳尔马德纳城市雕像安放50周年"主题彩票。这座青铜雕像坐落于西班牙安达卢西亚自治区马拉加省贝纳尔马德纳市。该雕像高为1.25米，长宽均为0.85米，塑造了一个头扎马尾辫，面带微笑，伸出双臂，用手捧着贝壳的女孩形象。它代表了旅游胜地贝纳尔马德纳市对所有游客的欢迎，代表了友谊和团结。

"海伦·凯勒逝世50周年"纪念彩票

6月30日，西班牙国家彩票联合FASOCIDE组织发行了10万套印有海伦·凯勒头像的"海伦·凯勒逝世50周年"纪念彩票。

通过此次发行，发行方希望人们了解到，FASOCIDE是一个非营利慈善机构。该组织通过多方面的合作，帮助有视听障碍的人建立自信，积极参加活动，保障他们的合法权利。

资料来源：中国福利彩票官网，http://www.cwl.gov.cn。

6.6　彩票与第三方资源的利用

以多种方式将品牌与第三方资源联系起来，也可用来建立次级品牌联想。第三方是指与买卖双方无直接利益关系的第三方，通常被认为持客观和中立的态度。由受信赖的第三方给予的认可或保证，可被视为对品牌资产的确认和强化。比如，Interbrand 是全球最大的综合性品牌咨询公司，该公司每年发布的全球最佳品牌排行榜得到广泛的关注和认可，成为品牌评价的一个重要参考。

彩票品牌也可以多利用第三方资源进行宣传。比如，通过权威的新闻媒体发布有关公关活动的信息，撰写社会责任报告并积极借助权威媒体进行发布传播等。

参考文献

［1］ Rao A R，Lu Q，Ruekert R W. Signaling Unobservable Product Quality through a Brand Ally ［J］. Journal of Marketing Research，1999，36 （2）：258 – 268.

［2］ 王海忠. 品牌管理 ［M］. 北京：清华大学出版社，2014.

第Ⅳ篇　彩票品牌资产的保持和提升

第7章
彩票长期品牌管理

7.1　长期品牌管理的概念和意义

7.1.1　长期品牌管理的概念

在营销管理的过程中，面临着市场环境随时代变化而变化的挑战。消费者行为、竞争策略、政府的方针政策和其他营销环境外部因素的变化，以及公司在营销重点上对营销品牌的方式进行或大或小的调整，这些因素都会影响到公司基于顾客的品牌资产的维持或提高。

长期品牌管理就是通过强化品牌含义，并且在必要的时候识别品牌资产的新来源，通过对品牌营销计划进行调整以达到全过程地积极主动地维持品牌资产的目的。彩票品牌在经历初创期之后，甚至在品牌导入市场之初，就应该有长期品牌管理的意识和方案。

7.1.2 彩票品牌长期管理的意义

彩票品牌长期管理的意义有以下几个方面。

（1）优秀的品牌绝对不是一蹴而就的，也不是就单纯靠做广告或者搞活动就能够培育的。品牌管理要求一定要具有长远的眼光和规划。强调长期管理就意味着要重视品牌管理的战略视角，也就是说，品牌管理本质上是战略层面的管理。只有从长期管理出发，才能深入去思考和践行品牌定位，为彩票品牌可持续发展服务。

（2）新市场营销情境下，技术、场景、消费者行为都发生了巨大的变化。在各行各业，只有那些能够很好地应对变化的公司和品牌才能最终胜出。彩票品牌长期管理要求必须关注环境和市场的改变，关注彩民行为的变化，从而更好地制定相应的营销策略，达到动态地进行品牌资产管理的目的。

（3）对于各国而言，彩票发行都是为国家和社会的发展和公益事业筹集资金的重要来源。彩票公司和机构品牌的形象，直接影响到社会公众的信任和信心，必须从长期管理的角度予以重视。而具体的彩票产品品牌，其生命周期的长短以及市场表现，也取决于有没有长期的规划和谋略，以及有没有在长期管理的过程中保持动态创新的发展。

7.2　彩票品牌的强化

营销者希望消费者拥有所期望的知识结构，以确信他们的品牌依然具有必要的品牌资产来源。这意味着营销者需要通过必要的市场营销行为向顾客持续传递品牌含义，强化顾客的品牌认知和品牌形象感知，从而达到强化品牌资产的目标。比如，本书前面对西班牙"大胖子"圣诞节彩票的一系列广告片的介绍，可以看到通过若干年广告创意的更新，很好地保持了该彩票品牌对公众的吸引力。更重要的是，尽管创意和故事总在变，但其中所传达的

"快乐、分享"的核心品牌理念却始终不变，品牌一致性得以保持，通过这样的长期品牌管理，很好地起到了品牌强化的作用，使购买"大胖子"彩票几乎成为西班牙人过圣诞节的"标配"。

7.2.1 彩票品牌的一致性和品牌变革

品牌一致性并不意味着品牌应该拒绝在市场营销方案中进行任何改变。恰恰相反，为了使得品牌一致性能够更好地被市场中不同阶段和时期的消费者群体接受，要求品牌必须能够在战术和技术上进行转变，以确保战略目标和品牌方向持续的实现。也就是说，所谓的品牌一致性，应该是某种内在本质上的一致性，而不是在表现形式和沟通方式等的外在方面，这种外在的形式恰恰需要不断去调整和改变，以在消费者心目中建立一致的理想认知结构。

当然，彩票品牌和所有其他品牌一样，首先必须识别哪些是自己品牌资产中的关键要素和核心 DNA，是不应该改变的；而哪些是非关键要素、非核心资产，是可以去改变的。

7.2.2 彩票品牌营销策略的调整

在寻找新的强有力的品牌资产来源之前，优先需要考虑的是维持和保护已有的品牌资产来源。因为构建新的品牌资产需要重新投入大量的和长期的积累，因此，除非是彩民行为、市场状况或公司本身发生了重大变化，从而使得彩票品牌的战略定位失效或有误，否则应保持既有的品牌定位方向，保护已有的彩票品牌资产来源。

相较于改变彩票品牌的基本定位和战略方向，对具体的营销策略进行调整可能更加可行。但前提也必须是在有证据表明这些营销策略和战术已经不能再为维持或者增强品牌资产做出预期的贡献时，才进行调整。

具体来讲，可以考虑从两个方面来调整策略、强化品牌联想：一是与彩票产品相关的性能联想；二是与非彩票产品相关的形象联想。

（1）与产品相关的性能联想。具体来说，即在玩法、返奖率、销售渠道等直接与彩票产品体验有关的方面的联想。也就是说，要对既有的彩票产品进行创新。

（2）与非产品相关的形象联想。这主要是指彩票品牌带给现有及潜在彩民的象征性或体验性利益。相对于有形的产品属性，非产品相关联想具有无形性，因此是更容易调整和改变的。比如，通过一个新的品牌广告就能够传播给不同的使用者和介绍不同的使用情况，建立使用者联想。但是在彩票品牌营销实践中，这方面成功的案例还不是很丰富。

需要再次强调的是，不恰当地或者频繁地对品牌进行重新定位是不可取的。

7.3　利用彩票品牌历史进行沟通的技巧

利用品牌历史进行沟通，即挖掘品牌历史中的闪光点，提升和强化品牌形象，加强消费者与品牌之间的情感关联。

7.3.1　品牌倒叙

如果彩票品牌拥有比较久的历史，可以对历史或曾经发生的重要事件进行回顾，有助于强化品牌联想，提升受众对彩票品牌的认知和认同。特别是，经过时间证明了的彩票品牌的价值，更具可信性和说服力。

在品牌的一些纪念日或者里程碑日都可以进行庆祝，并开展公关和其他沟通活动。

＊延伸阅读 7－1＊　体彩发行 25 周年：你未必光芒万丈　但始终温暖有光

体彩 25 周年品牌互动活动第一站幕启天津

"你未必光芒万丈，但始终温暖有光。"中国体育彩票全国统一发行 25 周年之际，公益体彩在全国六城开展线下互动体验活动，邀请八方朋友一同穿越"时光隧道"，重走 1994～2019 的岁月旅程。

2019 年 5 月 3 日，该品牌亮相系列活动第一站幕启天津。在这个劳动节假期，天津河东万达广场迎来客流高峰，而当天市民的出行计划，除了吃吃吃、买买买，又多了一项内容——与公益体彩约一场追光之旅。

互动游戏——为体彩聚能加油

"好玩又有礼"，体彩品牌活动现场设有七个活动板块，每个板块都精心设置了互动游戏，集齐四个互动章就能领取纪念礼物。

在温暖的阳光沐浴中，第一场互动跑道活动于当天上午 11 点正式鸣哨。而在那之前，已经有不少观众在虚拟竞速赛跑起点处排起了长龙，摩拳擦掌准备和世界冠军"一较高下"；在互动单车板块，三台动感单车与电子显示屏实现"能量对接"，在场地自行车奥运冠军宫金杰的号召下，现场观众纷纷参与 30 秒自行车竞速骑行，速度与能量实时显示在大屏幕，合力为公益加油、为体彩添彩。

其他区域的精彩互动更是让人目不暇接：互动光影艺术墙前，屏幕的"沙画"效果让不少年轻人感叹神奇，一位参与互动小朋友在这个梦幻的舞台跳起了伦巴，优美灵动的身姿投射在电子屏幕上，赢得了阵阵叫好；体彩公益区则安装了太空漫步机等体彩健身路径中常见的体育器材，国民体质监测万里行等体彩公益项目通过漫画的形式生动地呈现在观众面前；互动留影区的光影捕捉和特效合成技术，让观众"空降"到虚拟的场景当中，扫码即可拍照留念；投影墙上，韩天宇、刘秋宏、史冬鹏等体育明星通过 VCR 为体彩 25 岁庆生打 call；产品互动区里，在电子屏上模拟投注和刮奖的群众络绎不绝……借力高科技，有趣又暖心，体彩在活动现场搭建起的"时光长廊"，巧妙地将运动健身、公益爱心、产品体验、历史大事融为一体，让参与者在互动中加深对体育彩票的品牌认知，感受到身边体彩带来的快乐和美好。

温暖触动——公益体彩在身边

现场数据统计显示，5 月 3 日当天，品牌展示区参与活动的群众超过 5000 人，其中参加四项集章活动的群众超过 500 人（以派发出的礼品数计）。观展群众大部分是逛街途中"偶遇"体彩，而作为资深购彩者的李大爷则是在彩票站点听业主介绍后特地乘车赶来参与。"我来参加活动不只是因为我买彩票,而是我知道体彩给老百姓做了很多贡献,我应该过来添一些人气,给体彩加油。退休之后我每天都要去公园锻炼,那些器材都是彩票公益金支持装配的。"

李大爷是因为购彩而了解体彩,另一位观众孙先生虽然从未购买过彩票,却通过体育锻炼对体彩有了更多认知,"我常去体育场馆打球,那里有很多宣传标语,从那儿我知道体彩对于大众锻炼和运动员、运动项目发展有很多投入。今天的活动挺有趣,就是这个跑步项目设置的距离稍微短了一些"。大学生李媛媛也觉得意犹未尽:"今天和妈妈一起逛街,看到有活动就参加了,挺有趣的,动感单车集聚能量的游戏很有趣,就是 30 秒运动时间太短,不够过瘾。"

中国民航大学大四学生卢凌燕是活动现场体彩公益区的引导员:"在从兼职群获知这个活动之前,我对体彩的了解只停留在'买它或许可以中奖'的层面上,但是,我自己从未购买过彩票。通过活动现场的物料和主持人的介绍,我才知道,体彩不只是体育事业的支柱型资金来源,在公益助学、扶贫等方面也有很多作为。"

马琳是跑道互动环节的主持人,作为专业主持的她参与过不少互动式的健身活动,但她觉得,能像体彩这样,把展览主题与互动区域结合得紧密且巧妙的并不多:"这与体彩的公益属性相关,体彩公益和全民健身本身就有血脉联系,小区里的健身路径、一些全民健身类的赛事都是体彩公益金支持的。今年是中国体育彩票走过的第 25 个年头,大家对体彩的认知也从最初的'买彩中奖'有了更深层次发展。通过一些公益活动,大家开始对这项随手微公益有了更多了解,体彩'来之于民、用之于民'嘛。"

时光长廊——感受 25 载公益路

活动的展览部分通过光影技术及精美的展示墙,邀请观众一起回顾体彩温暖的 25 载公益之路,展望更加耀眼的未来。

体彩 25 年光影墙用几组简短却有分量的文字组成了体彩 25 年的"简历"。1994 年 3 月启程;2001 年 10 月推出竞猜型彩票游戏;2005 年,中央集中的体育彩票公益金加大用于补充全国社会保障基金,支持医疗卫生、教育助学等社会公益事业的力度,中国体育彩票作为国家公益彩票的使命更加重大、更加光荣；2011 年，中国体育彩票实现开奖过程网络直播，接受社会公众和购彩者的监督，位于北京市丰台体育中心的中国体育彩票开奖大厅对外开放；2012 年，体育彩票年发行量突破 1000 亿元，筹集公益金 293 亿元；2017 年，体育彩票年发行量突破 2000 亿元，筹集公益金 523 亿元；2018 年，体育彩票年发行量达到 2869 亿元，筹集公益金 670 亿元。

现在，每一个位于社区、乡村、城市的健身路径、健身步道、15 分钟健身圈，都来自购彩者的点滴之爱；现在，和你息息相关的社会保障、医疗卫生、教育、扶贫、抗震救灾、法律援助等社会公益事业，都有体育彩票公益金的力量蕴藏其中，体彩就在你我身边。

体彩"时光隧道"品牌活动揭幕站天津幕启，在五一假期掀起了一场温暖的追光之旅。接下来，武汉站、广州站、成都站、青岛站、上海站将陆续登场，这个夏天，让我们和公益体彩一起，"穿越时空，温暖追光"！

资料来源：广东体彩官网，https://www.gdlottery.cn。

案例思考：

这是一篇关于中国体育彩票 25 周年活动的新闻报道，"时光长廊"是对 25 年来中国体彩公益贡献的回顾和梳理，也是跟公众之间的一个很好的沟通。这是吸引社会公众，不管是彩民还是非彩民，深入认识体育彩票品牌的一个很好的契机。这就是品牌倒叙的应用。体彩这次活动还很好地通过新颖有趣的互动游戏和竞技活动吸引公众的参与和体验，活动设计较为得当，且有创新性。

7.3.2 彩票怀旧营销

7.3.2.1 什么是怀旧营销

怀旧是人类的普遍情感之一，人们普遍对过去的时光充满感情。研究表明，即使是对于年轻的 80 后甚至 90 后，怀旧也是非常普遍的情感体验。怀旧营销就是在营销活动中给予消费者一定的怀旧元素刺激，激发消费者的怀旧情怀，以此来促进积极的品牌联想和消费者购买。

* 案例 7 – 1 *　　基于彩票老照片的怀旧营销

2019 年 4 月 8 日，中国福彩在线推送了一篇文章，被很多网站和公众号转发，标题为"跟随这些老照片找寻关于彩票的记忆……"

文章开头写道："仲春与暮春之交，时万物皆洁齐而清明。清明节，除了缅怀古人、扫墓踏青外，还能通过追忆过往，勉励我们珍惜当下，勇敢地面向未来。今天让我们跟随老照片，一起追忆彩票的过往……"

彩票在中国历史上担得起"悠久"之称，承载了许多历史的记忆与故事。庆幸的是，有人曾及时按下"快门"，记录下那些年关于彩票的记忆。

随后，文章从晚清时期的彩票公司和彩票站到中国社会福利有奖募捐委员会成立，再到 1998 年抗洪救灾主题彩票的发行，对彩票发展历史上的一些关键事件和节点用照片的形式进行回顾。

最后进行总结："记录是对抗遗忘最有效的途径，也是与一个时代告别最好的方式。我们用一张张老照片，带大家一起追忆过往，找寻那些年福彩留下的足迹。"

资料来源：中国福彩官网，http：//www.cwl.gov.cn。

案例分析：

这就是品牌发展历史上运用老照片来展开的怀旧营销。老照片中所展现的过去的街道、场景，人们的穿着、使用的物件，都能触动人们的怀旧情怀，让人们感觉亲切和温暖。基于此而进行的彩票品牌历史回顾有助于彩民和社会公众系统深刻地认识彩票在人们生活中的存在价值，以及对于国家和社会发展的贡献。

案例思考：

我国的彩票品牌还可以如何利用怀旧营销？请给出一些具体策略或创意。

7.3.2.2　彩票品牌怀旧营销的策略建议

（1）产品设计上融入怀旧元素。比如美国市场 2017 年开发的玛丽莲·梦露主题彩票，则充满了对 20 世纪的这位巨星及那个时代的浓浓的怀旧情怀。

（2）通过怀旧广告来进行品牌宣传。也就是通过怀旧式的彩票品牌广告创意，比如怀旧式故事的讲述，来引发受众的怀旧情感，从而提升受众对彩票品牌的认同和喜爱。尤其是通过社交网络进行传播，不仅允许比传统广告更长的视频创作，从而满足完整故事的叙事要求，而且一旦形成热点话题，还能在短时间内迅速促进扩散和传播。

（3）在彩票主题公关或宣传活动中融入怀旧元素。比如，体彩在25周年的纪念活动中通过时光长廊来追述中国体育彩票发展历史，从而引发公众共鸣，能够提升和强化品牌偏好。

7.3.3 彩票品牌的历史价值与彩票收藏

彩票品牌资产价值的体现还在于其历史意义和收藏价值。也就是说，彩票品牌的历史不仅可以用于沟通，还可以作为一种文化载体而被收藏。

7.3.3.1 中国彩票收藏的兴起

彩票，尤其是即开型彩票，印制精美，图案丰富，知识性强，是彩票行业文化的载体。设计时大多考虑成套和系列性，并且存世量大，品类繁多，为收藏爱好者增添了无穷乐趣。

彩票因其特有的收藏价值和文化价值，引起众多收藏爱好者的关注，收藏品市场的彩票交易开始日渐活跃。作为新秀的彩票收藏更是被收藏界一些有识之士看好，甚至有人预测彩票将会成为继邮、币、卡后，牵动收藏爱好者的又一大藏品。

1981年，中国农业银行及中国人民银行分别推出的面额为5元、10元的"定期有奖储蓄存单"，为我国彩票事业的发展鸣响了前奏。从1951年到1981年，在整整30年的历程中，这些形式多样的有奖储蓄存单成了为数不多但非常珍贵的彩票收藏品。1987年，伴随着新中国第一批彩票的发行，民间集彩活动也悄然兴起。起初，是少数集藏爱好者首先发现彩票图案设计精美、选题多样，兑奖后不忍丢弃而加以收藏；其后，越来越多的彩民收藏起彩票，并开始了交流、交换，彩票文化从那时开始积淀。

全国第一届彩票收藏展览时，有彩迷展示了他所拥有的一套名为"中华娃"的福利彩票，于 1993 年发行。有人开价六千元，该彩迷未肯出手。而一张清朝光绪年间的错版彩票，叫出了一百万元的天价。这些彩票珍品显示，彩票收藏在近年来迅速升温，彩票成为继邮票、纪念币、磁卡之后，牵动广大百姓收藏的第四大藏品。集藏爱好者们首先发现彩票图案设计精美、选题多样，兑奖后不忍丢弃而加以收藏；越来越多的人参与，开始了交流、交换。集彩活动形成了交流的规模，参与民间彩票交流的人数逐步上升，达到上千人，而没有参与交流的则有数万人之多。各地极少有专门的集彩组织，故而各地彩友之间，只能利用信件、彩刊等不同的方式交流集彩信息、心得，互换彩票副品。各地民间彩刊的陆续创办，为集彩活动的加速发展提供助力。上海、广东、南京等地的一些彩票收藏爱好者率先创办了各种彩票收藏专刊，这些集彩者以各自的彩刊为阵地，努力介绍彩票知识、推广集彩经验、宣传集彩活动、沟通集彩信息，为推动当时民间集彩活动的发展做出了贡献。一些正规报刊也纷纷开辟专栏、专版、专刊，大力宣传彩票发行和收藏活动，彩票收藏的概念开始深入民心。随着福彩大奖销售方式的逐步成熟，全国彩票市场呈现出稳定发展的局面，越来越多的收藏爱好者加入了集彩队伍。彩票收藏终于逐步成了收藏领域一道亮丽的风景线，我国的集彩活动也迈入了一个新的阶段（王家年，2009）。

在此期间，民间关于彩票收藏的刊物开始陆续创办，为集彩活动的加速发展提供助力。1989 年，上海王康安先生首先创办《奖券》，开创民间自办彩票收藏专刊的先河，其后，上海、广东、南京等地的一些彩票收藏爱好者陆续创办了各种彩票收藏专刊，这些集彩者以各自的彩刊为阵地，努力介绍彩票知识、推广集彩经验、宣传集彩活动、沟通集彩信息，为推动当时民间集彩活动的发展以及彩票文化的建立做出了贡献。

此后，一些报刊业纷纷开辟专栏、专版、专刊，大力宣传彩票发行和收藏活动，"彩票收藏"的概念开始深入民心。

与此同时，随着 20 世纪 90 年代中期彩票大奖组销售方式的逐步成熟，全国彩票市场呈现出稳定发展的局面，越来越多的收藏爱好者加入了集彩队伍。在福彩发行十年后，彩票收藏成了收藏领域一道亮丽的风景线，我国集彩活动高潮迭起，全国性彩票交流、展览活动不断举办，向社会展示了各地彩票收藏家的收藏和研究成果。我国的集彩活动也因此迈入了一个新的发展阶段。

随着我国彩票业的迅猛发展，彩票作为一种欣赏性与纪念性兼备的新兴藏品，因其特有的收藏价值和文化韵味，已引起众多收藏爱好者的关注。2000 年前后，我国出现了一些彩票收藏较为活跃的省市，主要集中在上海、江浙、西北和东北一带。彩票和邮票一样的，都有面值、编号和发行时间，属于国家统一的有价证券。彩票市价较低，增值空间较大。

目前，我国收藏爱好者涉猎的彩票种类日益丰富。他们收藏的彩票从清朝到现代，从中国到世界，包括传统彩票、电脑彩票、即开票，以及彩票广告、宣传单张、新票小册子等彩票附属品，包罗万象。随着彩票事业的发展，彩票收藏队伍正不断扩大，且越来越向专业化、市场化发展。

7.3.3.2 彩票收藏的意义

随着我国彩票市场不断壮大，彩票种类日益繁多，民间蔚然形成一股彩票收藏热，同时，全国各地纷纷以彩票展的形式发展、丰富地域性存在差异的彩票文化，既推动了我国彩票市场健康发展，又活跃了彩票文化的交流。文化需要载体来传播，中国有几亿彩民，彩票本身正是普及彩票文化所需要的群众性的文化载体。因此，推动彩票收藏的良性发展，就具有了特殊的意义。

（1）彩票收藏可以促进我国优秀文化的传承。方寸之间传播文化，中国的彩票收藏跟邮、币、卡收藏一样具有文化内涵。人们通过集彩，既了解彩票发行的历史，又可饱览祖国的大好河山、各地风景名胜，还可以领略五千年博大精深的中华文化艺术，了解改革开放以来我国取得的伟大成就等。可以说，集彩是一项健康有益的文化娱乐活动，通过集彩，人们可以了解历史文化，学习科学知识，接受爱国主义教育。

我国发行的彩票不仅集知识性、趣味性和思想性于一体，而且还具有极强的审美艺术价值，蕴含着丰富的传统文化。涌现出大批精良的文化彩票，如龙文化彩票、洛阳牡丹彩票、四大古典名著彩票、中华名人彩票、名山大川彩票等。其中一些特别精美的艺术彩票，更成为彩票中的明星。如收录范增《紫气东来》画作的彩票和奥运场馆彩票等，都是收藏家眼中的珍品；"京彩京韵"主题即开型福利彩票美轮美奂，实现了彩票设计艺术的一大飞跃，向世人证明：中国的彩票作品，不仅仅承载了历史的精华，更是凝结了新时代的创新。

（2）可以增加彩民对彩票品牌感知价值。彩票除了提供中奖的可能性，满足人们的娱乐需求、公益需求外，还能够作为收藏品类进行保存甚至有可能获得升值空间，这丰富了人们对彩票品牌的认知，提升了彩票品牌感知价值。在这方面，即开票尤其具有天生的优势。在我国已发行的彩票中，无论是福彩还是体彩，都是由国家权威部门制作发行。不管是设计图案、防伪、选材，还是制版、印刷、发行，每一个制作环节都对质量要求很高。因此，人们看到的彩票往往都印刷精美、设计考究，这就很好地为彩票品牌的文化价值和收藏价值奠定了基础。

（3）最终能提升彩票品牌形象。彩票收藏市场如能逐步发展乃至成熟，会提升人们对彩票文化内涵的认知，改善对彩票消费群体的刻板印象，提升人们对彩票公益性的认知和认同，并进而提升对彩票品牌形象的感知。

其中，由于彩票的文化性是至关重要的一个收藏指标，因此在彩票的设计发行过程中，应该以彩票为载体，将中国的世界性文化遗产、名山大川以及中国五千多年来积攒下来的深厚、隽永的人文景观等内容表现出来，去继承和发扬中华民族的传统文化。好的题材本身也是一种强有力的彩票品牌宣传的方式和途径。

7.3.3.3 收藏视角的彩票设计的题材和创意

从我国已发行的彩票题材看，其范围非常广泛。从古代名人到历史故事，传统文化元素成为彩票票面上不可或缺的主题。此外，从花草树木到自然景观，从十二生肖到吉祥神兽，无所不有，包罗万象。特别是在设计的形式上更是丰富多彩，不仅有摄影、剪纸，还有卡通、漫画，更有出自国画大师之手的用各种手法绘制的名画图案。

收集彩票正如文学家写作前要搜集素材一样，素材的数量和质量，直接关系到作品的成功与否。收集彩票的方法很多，其中最简单且不用花钱的方式就是到彩票销售现场，从没中奖的废票中挑拣，当然要选品相好的彩票。不花钱当然好，但是如果想收藏未使用的彩票，那么最好是自己去买彩票。如果收藏新票，可以和《兑奖须知》一起收藏，因为《兑奖须知》上一般都会印有彩票的名称、发行量、中奖金额、游戏规则、中奖符号等。这样，收藏的这张彩票将永远有一个秘密——是否中奖。你可以让它永远是个谜，也可以在适当的时候揭开谜底，这种乐趣是收藏彩票所特有的。

回顾彩票上市 20 多年，即开型彩票票面一直融汇了设计者们的诸多心血。追溯我国即开型彩票的发展历程，主题也涵盖多个领域，包括大型国际体育赛事、全国性公益慈善事业，以及电影文化产业、五千年传统文化、人文风俗、地域风光等。

新中国第一张彩票，是一张体育彩票——"发展体育奖——一九八四年北京国际马拉松赛"奖券。这是一张传统型彩票，正面印有运动员并排奔跑的抽象图案，奖券是专为"第四届北京国际马拉松赛"筹集资金而发行的，此奖券的发行不仅为马拉松赛筹集了资金，也宣传了这项体育赛事。再追溯到 1990 年我国首次举办亚运会时发行的北京亚运会基金奖券，这是首次采用发行奖券的方式为大型综合性国际运动会筹集资金，它的票面图案有吉祥物与亚运史、吉祥物与日历、体育馆、邮票与赛马、体育场及古代体育与吉祥物等。其中的古代体育包括倒立、步球、马术、对打、蹴鞠、竞渡、弈棋、骑射、摔跤、导引、步射和马球共 12 种，充分体现了我国早在古代就有了丰富的体育运动项目。

2008 年，体彩即开"顶呱刮"彩票在我国正式发行，其中一套"奥运主题"即开票印有奥运吉祥物、奥运项目、火炬传递路线、奥运之城和奥运场馆等图案，此套彩票的发行在全国掀起了购买热潮，不仅使参与奥运的理念深入人心，也为奥运会的成功举办贡献了"体彩力量"。此后，我国各项大小赛事几乎都会发行相关主题的体育彩票，这些彩票的票面充分展示了我国悠久的体育运动历史及丰富的体育文化，也向人们展示了"更快、更高、更强"的体育精神。

历史文化彩票的历史文化包括两层含义：一是彩票本身的历史文化；二是彩票所展现的社会历史的变迁。彩票是一种有价凭证，票面不仅有彩票的名称、发行单位等信息，还有面值以及发行日期等。

中国是一个历史悠久的文明古国，古典文化被代代传承至今，在中国体育彩票的票面设计上也有体现。例如，9602－JG/50ES 体育漫画，这套彩票分别描绘了百米大奖赛、铅球和标枪运动，画面生动幽默，传统的漫画表现手法将体育运动的乐趣生动形象地展现了出来；9804J20ESP 少儿体育剪纸，这套彩票用中国传统的剪纸艺术表现手法生动地体现了中国民间的儿童体育项目，有骑笃、跳绳、抽陀螺、跳山羊和捉迷藏，这不仅唤起了许多人的童年回忆，还丰富了彩票票面的文化内涵；9808J50ELH 踩高跷，这套彩票共 5 枚，连起来是一幅众人踩高跷的场景，色彩丰富，场面热闹非凡，把这一传统民间活动展现得淋漓尽致。另外，中国特有的生肖文化也在彩票票面上得以充分展现，自 1994 年中国体育彩票在全国统一发行以后，每年的前几期彩票一般都以当年的生肖作为主要设计元素，展现了浓浓的生肖文化。

而近年来，国学的复兴再度引发人们对传统文化的思考与研习，以弘扬传统文化为主旨的主题即开票也顺势而起。春节过后，中华名人系列即开票——"中华名人——孟子"在山东独家上市，这是继"中华名人——孔子"和"中华名人——孙子"之后山东福彩研发的第三款名人系列的专题彩票，上市之初也在山东全省境内掀起了购买热潮。

一张饱含文化韵味的彩票总能引起收藏者们的广泛追逐。和邮票一样，彩票同样拥有着方寸之间容纳天下的特点。然而和邮票不同的是，在承载了中华良好文化的同时，彩票还兼具着公益性质，这种弘扬美与好、又能造福社会福利的善上加善，本身也是一种特有的彩票文化了，我们期待这种文化可以长久地传延下去。

历史告诉我们，文化是任何事业长久存在的精神支柱，是基础，是源泉。彩票事业更不例外，只有这个"源泉"在，才是中国彩票继续其公益事业的保障。产业的文化就是这个产业发展的灵魂，彩票文化使彩票从"俗"走向"雅"，既满足了人们寻求刺激的需要，又满足了人们投身公益事业的需要。彩票文化需要我们共同努力，将之继续发扬和创新。

7.3.3.4 彩票品牌管理机构如何推动彩票收藏的发展

（1）注重彩票新产品的主题设计。特别是即开票，其主题设计及其在票面上的艺术展示承载了彩票所具有的文化内涵，也是影响人们购买与收藏的重要因素。因此，在每一次设计新的彩票游戏产品时，就要注重主题的选取与艺术呈现。这不仅有利于新产品的推广与上市，也增加了其被专业人士收藏的可能性。

（2）通过多样化的活动促进彩票收藏爱好者的展示与交流。要形成收藏的热潮，不能单纯依靠民间的自发自愿，更加需要彩票品牌管理机构有意识地培养和主推。比如，可以通过举办彩票文化节、彩票收藏特色或主题展览等方式，促进收藏者之间以及收藏者与彩票机构或公司之间的交流。

（3）促进彩票收藏的健康良性发展。目前彩票收藏爱好者主要依赖于自己的经验和主观判断来进行彩票收藏的目标选择，缺乏专业的指导。彩票品牌管理机构可以通过官方微信、微博或者线下讲座、培训等方式，进行彩票和彩票收藏的专门培训和辅导，让更多的人理解彩票收藏的内涵，懂得一些分析和评价彩票收藏价值的基本技巧和方法，促进彩票收藏的健康良性发展，也提升负责任的彩票品牌形象。

＊延伸阅读7-2＊　一位彩票收藏者的故事

曹先生是位执着的彩票藏家，1992年开始接触彩票，当时正是大奖组销售的发端时期，也是长治福彩销售开始借助社会力量的时候。因为喜欢收藏彩票，他做过大奖组销售员，之后，为了获得"近水楼台先得月"的便利条件、收藏更多类型的彩票，他又申请了彩票站。

别人卖即开票是为了收益，所以多数只选择好销售的品种，曹先生是为了收藏，因此囊括了即开票所有的品种。在他眼里，每张彩票都有不同的收藏价值，都有与众不同的意义。曹先生说，几十年来，自己从彩票的方寸之间学到了不少知识，开阔了眼界，更结交了全国各地的很多朋友。

彩票浓缩了大千世界

曹先生喜欢收藏，最早收集邮票、门券、烟标，直到有一天他无意中发现了新中国发行的第一张彩票，眼睛为之一亮，于是开始了彩票收藏人生。1992 年长治发行"虎丘塔"，看见上面有编号，曹先生知道这是成套发行，有了收藏的依据。到 2000 年，曹先生已经搜集全了长治地区发行过的所有彩票。

在这些成系列的票面里，他看到了更丰富的世界：中国的名山大川、传统戏剧、重大事件、社会名人……

他收藏的宝贝"三晋风采人物篇"，100 张三晋名人画面承载了丰富的历史故事。通过这些文字介绍，他对山西的历史知识了解得越来越多。"中华武圣"是山西省的专销票，通过千里走单骑、夜读春秋、温酒斩华雄、过五关斩六将等主题，表现了凝聚在关公身上的忠、义、信、智、仁、勇，彰显中华文化的伟大品格，万世共仰。洛阳牡丹"富贵有余"系列，采用彩色照片作为主图，其票名均取自洛阳牡丹著名品种，起名很有韵味——魏紫、姚黄、赵粉、豆绿、洛阳红，还配有古代著名诗人词人的诗词。"昆曲"即开票将《牡丹亭》《长生殿》《琵琶记》《西厢记》《红楼梦》曲目名称组合成九宫格布局，票面设计精美且巧妙，令人眼前一亮。昆曲是我国现存最古老的戏曲艺术形式，旨在颂善扬美，被誉为"百戏之祖"，彩票以方寸空间弘扬传统文化、募集善款、造福社会，乃"行善首选"，两者有劝人向善、促人行善的功能。

曹先生说，彩票方寸之间藏着整个世界，让他增长了知识，丰富了文化生活。

以集养集，形成良性循环

因为痴迷于彩票，他满脑子想的是彩票，眼睛盯着的是彩票，每次即开型大奖组销售结束后，现场遍地的废弃彩票，在别人眼里是一堆废纸片，但在曹先生眼里全是宝贝，他总能从中淘到自己心仪的彩票。

曹先生收藏彩票的初期阶段是没有多大成本的，但是后来在收集外地彩票时，想出了一个省钱的办法，那就是与人交换或者出售。

功夫不负有心人。到 2000 年，曹先生已经搜集全了长治地区发行过的所有彩票，2000 ~ 2003 年，他又投入五六万元，通过互联网查询收集彩票信息，当时从全国各地寄来的信件像雪片一样，收发室每天都能收到他的几十封信件。

互联网的普及，给了他收藏彩票的翅膀。2007年，他让儿子帮他在互联网上开了收藏版，曹先生开始了以集养集的良性循环。彩票收藏在丰富他精神生活的同时，也改善了他的物质生活。

彩票收藏扩大了视野拓展了平台

曹先生将视线投向互联网后，结识了全国痴迷彩票的收藏爱好者，彩票越集越全，朋友越交越多。

2003年，曹先生参加了上海彩票收藏展，成为全国彩票收藏机构的会员，自此他正式进入了全国彩票收藏的圈子，活动半径走出山西。

2007年，曹先生向长治市福彩中心建议搞彩票收藏活动，最终在省市福彩中心和相关人士的支持下举行了山西省首届彩票展，吸引了全国各地彩票收藏爱好者，使长治成为彩票收藏界的一个重要"据点"，培养了更多的彩票收藏爱好者，吸引了更多的人了解彩票、关注彩票并参与彩票。

同年，在一次展览中，曹先生意外地发现了长治非遗传承人冯文贞创作的关公40米剪纸长卷，他被其中栩栩如生的武圣形象吸引，他拿着关公剪纸的宣传页往返太原，又领着冯文贞携长卷赶赴山西省福彩中心，最终促成了"中华武圣"山西省专销票的发行。

回顾30年的彩票收藏经历，曹先生认为自己与彩票有缘分，彩票收藏成就了他一生的梦想，他坚信，他的彩票收藏道路会越走越顺畅，收获也会越来越丰盈，而中国彩票文化的发展，也会不断绵延，发扬光大。

资料来源：中国福利彩票官网，http：//www.cwl.gov.cn。

7.3.4 彩票博物馆

彩票品牌的发展历史具有重要的营销价值。彩票品牌的宗旨和价值观在历史发展中如何得到践行，这些事实性的史料最具说服力。通过恰当的形式进行沟通，能够有效地提升彩民和社会公众对彩票品牌的信任和认同，促进积极的品牌联想。

其中，促进彩票收藏的良性发展是传达彩票品牌历史价值的一个途径。彩票收藏爱好者一般对彩票有比较深的认知，但相对比较小众。为了与更广泛的彩民和社会公众沟通彩票历史，也可以在充分论证的前提下建设彩票博物馆。

2011 年 1 月，江苏省五环彩票博物馆在南京开馆。作为全国首个彩票博物馆，集彩票陈列、展览、集藏于一体的五环彩票博物馆将更多关于体育彩票的收藏趣味和浓郁文化特色带给越来越多的人，并举办了许多丰富多彩的主题展览和文化活动。

自开馆以来，博物馆精心策划，先后组织藏品，开展专题展览；积极参与中国体育文化、体育旅游博览会等全国性体育、文化展会；承办国家体育总局、省体彩中心开展的全国全省体彩老物件征集活动；协助拍摄 CCTV－5《足彩十年、竞彩绽放》电视专题片等。博物馆中的珍贵藏品，在全国彩票收藏界影响甚大，其中有广东彩票收藏家袁广平捐赠的光绪二十年（1895 年）金山华洋日报印制的《票图撮要》白鸽票游戏堂规条一册及江苏昊兴置业投资集团董事长吴亚俊出资购捐的中国近代彩票文物"上洋分此·万利彩票行"匾额一幅，这些都是不可多得的珍稀彩票文物。

此外，彩票博物馆中的不少藏品，还记录了中国体育彩票的发展历程，如福建省体彩中心向博物馆捐赠了中国第一代电脑型体育彩票（体育项目型）摇奖机，以及馆内不同时期的彩票藏品，对于人们了解体育彩票事业发展情况具有积极意义。为了向更多人传播体育彩票的历史和文化，2016 年，江苏五环彩票博物馆主动顺应"互联网＋"新形势，大幅调整办馆思路，大胆探索打造新媒体宣传平台，利用微信、微博等新技术，推动展览方式、推荐传播等手段的创新，努力用形象化的语言、时尚化的形式、颇具创意的表达来传播彩票文化，满足彩民和公众对体育彩票探讨和认知的需求。

彩票博物馆不宜过多，过于泛滥。同时，不同的彩票博物馆的定位应该清晰并且彼此区分，这样在整体上互相协同，以共同促进整个彩票行业的良性发展。同时，彩票博物馆在营销手段上也需要更新。今天，博物馆不仅仅是记载和展现历史的地方，更是历史重生的地方。因此要采取更贴近受众的沟通方式，特别是吸引年轻人的关注，增强与年轻人的互动，这样才能更好地为彩票行业和彩票品牌的发展助力。传统的博物馆，典型的如故宫，都在改变其原有的一本正经高高在上的沟通方式，变得更加幽默、亲民，也更善于运用线上的方式与社会公众进行互动，这样的思路值得借鉴。

7.4 彩票品牌退役

任何品牌都是有生命周期的，从彩票品牌长期管理的角度来看，也不可避免地会面临品牌退役的问题。

由于营销环境变化甚至恶化，一些品牌成了不值得挽救的品牌。它们的品牌资产来源可能已经恶化，或者已经枯竭，而形成新的联想变得更加困难。在这种不利的情况下，管理层决策就有必要适当地使该品牌退役或"榨干"该品牌。

彩票品牌同样面临退役的可能性。彩票品牌退役的原因也可能是多方面的。

第一，彩票游戏的设计已经老化，不能再满足新环境下彩民的需求或者市场对娱乐、信任、价值、体验等更多深层次的需要。比如，曾经在中国彩票历史上扮演过重要角色的大奖组彩票。中国福利彩票发行初期是以分散摆摊设点的方式进行销售的。由于当时人们对彩票的了解不够、参与意识不强，导致销售状况不佳。这时，福彩工作者探索出能达到吸引公众购买彩票、认识彩票的"大奖组"销售方式。其特点是"大宣传、大场面、大奖组、突击销售、实物兑奖"，效果显著，很快推广到全国，并接连创下销售纪录。"大奖组"集中销售方式对培育彩民和彩票市场起到了重大作用，但其中也存在风险。2004 年，震惊全国的"西安体彩宝马案"给彩票行业信誉造成极其恶劣的影响，财政部发布《财政部关于暂停集中销售即开型彩票的通知》，"大奖组"时代结束。在此之前，当"大奖组"销售方式还在全国名声大噪之际，电脑票也在探索中推出，1995 年开始进行电脑彩票的试点发行。随着电脑福利彩票在全国的推广，网点销售形式成为福利彩票的主要销售方式。电脑票很好地利用了信息技术的发展，使彩票销售管理更加规范，投注站投注的方式也更有利于彩票市场专业化规模化发展，因此成为新的替代方式。当然，电脑票、投注站也不会是彩票发展的终结模式，随着技术、市场和社会的不断发展，彩民的消费行为也在不断变化，具体的彩票游戏品牌和销售模式必然会不断推陈出新。但彩票本身要不断践行其公益价值，同时提升彩民体验，这是任何一个彩票品牌应该保持的核心内涵。

第二，彩票游戏在市场实践中被发现存在漏洞或不合理之处，不得不退出市场。一般而言，一款彩票游戏在上市之前需经过严格的论证和测试，但有时也难以保证不出现任何问题。这时就要采取果断措施，防止引发彩民争议和不满，造成过大的负面影响。

7.5 不购彩的"潜在彩民"研究

有些人从不买彩票，或者极少购买。但彩票管理者应该关注他们，挖掘其潜在的购彩可能性，并且通过营销努力至少可以将一部分潜在彩民转化为实际彩民。也就是说，在彩票品牌长期管理的过程中，营销者除了要考虑加强现有彩民对彩票品牌的积极的品牌联想，还应该注意去分析那些从不购彩的彩民或者偶尔购彩的彩民，他们对彩票品牌具有什么样的联想，是什么阻止了他们的购彩行为。这可以帮助彩票品牌管理更深入地理解自己的定位是否正确以及是否能够跟潜在彩民对此进行充分有效的沟通。

﹡延伸阅读 7-3﹡ 平时不买彩票的人怎么看彩票？

一直以来，全球各地彩票运营商和销售机构都非常重视经常性购彩者对彩票的看法，从游戏设计到市场推广再到零售终端，各个环节都以满足这个群体的喜好和需求为目标。但是，那些非购彩者、偶尔构彩者和易流失购彩者是怎么看待彩票的呢？如果能深入理解这些人对彩票的看法，对吸引新购彩者非常关键。

他们对非经常购彩者的界定如下。

非购彩者：从不购买彩票。

偶尔构彩者：仅在乐透头奖累积得非常高时才购买，或偶尔买张即开票作为礼物等。

易流失购彩者：以前曾购彩，但过去的 6 个月不曾购彩。

为探讨如何吸引非经常性购彩者——包括非购彩者、偶尔购彩者和易流失购彩者加入经常性购彩者行列，尤其是 85 后到 90 后（18～34 岁的群体）这个群体，IGT 和 KS&R 合作开展了一项名为《吸引新购彩者购彩》的研究课题。

（1）在线征集受访者。为进行该研究项目，IGT 采访了 8100 人，希望通过这些人获得购彩者和非购彩者在接触彩票过程中的情感变化过程，以便能为吸引新购彩者找到新的视角和观点。

该研究课题分为多个阶段，第一阶段已经于 2018 年 1 月完成，来自哥伦比亚、芬兰、波兰、美国和英国的 115 名受访人参与了第一阶段研究。这些参与者中有非购彩者、偶尔购彩者和易流失购彩者，每个国家的参与者的年龄分为两个年龄段，一个是 18～34 岁之间，一个是 35 岁以上。

第一阶段研究的是"非购彩者如何看彩票"，旨在揭示非购彩者、偶尔购彩者对彩票的看法，以帮助彩票机构了解未来在"吸引新购彩者"这项工作上所面临的障碍以及机会。以往此类研究通常是在一名主持人的组织下，参与者参与调查问卷，或在某个设定的场景中进行互动性测试。但这次 IGT「吸引新购彩者」第一阶段有所创新的是通过招募在线参与者进行，来自不同国家的参与者经过专家小组的筛选后，在大约一周的时间内完成了一系列调研活动，并用移动设备记录下全过程，然后将视频上传给 IGT。

这种方式不但比以往有更广的覆盖度，同时，由于参与者都是在他们/她们自己熟悉的环境根据她们/他们自己的意愿给出反馈，使调查结果比以往更真实。

（2）4 个关键词。当人们做出任何购买行为时，包括购买彩票，其实是在进行一项价值互换活动，如果人们不愿意购买某个东西，那说明这个群体认为这个东西的吸引力不足。因此，当研究者们发现非购彩者和非经常性购彩者看到彩票一点都不激动，并未产生购买欲望时，一点也没感到意外。

但有趣的是，研究者们发现，这些人并不是直接拒绝彩票，换句话说，非购彩者、非经常性购彩者与经常性购彩者之间，并没有无法逾越的鸿沟，他们甚至也在自发地为购彩者找理由。

研究人员发现，非购彩者对彩票的观点可以为彩票营销者提供借鉴，使其重新审视游戏设计、销售渠道、支付方法以及彩票自身品牌定位等方面的问题。

(3) 非购彩者看待彩票的 4 个关键词的介绍如下。

a. 性格。两个人对同一款彩票游戏可能产生两种完全不同的看法，一个人看到的是一次值得尝试的机会，并为能成为一个梦想者感到高兴；而另一个人可能会认为希望通过买彩票中奖既浪费时间又浪费钱。研究者们注意到了乐观的性格在决定购彩时起到了重要作用，并会在下一步研究中对此深入研究。

英国一位年轻的女性是一名偶尔购彩者，她在受访时表示："是的，一说到彩票，进入我脑海的是很多钱，上百万，但我自己没那个运气，这就是我对彩票的认识。关于彩票的那些大肆宣传，比如选择你的幸运号码，有人可能觉得很有趣，但我不这么觉得，因为我觉得当你知道中奖的希望很小，却仍然花钱去买是匪夷所思的一件事。"

b. 大奖。对偶尔购彩者和非购彩者来说，现如今彩票游戏太多，开奖也太频繁，人们的购彩支出不断增加，而且这几乎成为一种不可抗拒的趋势。但与此同时，中奖概率却降低了。以往的那种赢得几百万美元大奖的梦想，对现在的年轻人（18～34 岁）来说，还适用吗？对彩票机构来说，可能是时候将注意力放回到游戏本身，重新开发一些简单易玩、价格低、中奖概率又高的游戏了。

英国一位年轻男性偶尔购彩者在受访时表示："要说对现在的彩票给出什么建议的话，我认为，应该减少巨额大奖的产生，让财富惠及更多人。让更多人有机会赢得大奖。我认为这是吸引人们购彩的最有效的方法。"

c. 回报。研究表明，现在年轻（18～34 岁）的非购彩者从不期望购彩行为能为其带来享受和快乐。研究参与者表示，因为他们知道中奖的概率非常小，买彩票中奖几乎是不可能的，他们宁愿把钱花在他们确信可以带来价值和快乐的事情上，比如吃比萨或看场电影。

美国一位年轻的非购彩者在受访时表示："我从不参与购彩，因为相较于购彩，我可以花 5 美元、10 美元或 20 美元在那些可以确定能为我带来更大概率回报或更高水平即时满足的事情上。比如为我的车加点油等。"

d. 品牌。在年轻（18~34 岁）的非购彩者眼里，那些购彩的人都是幼稚的、无雄心壮志的，并且喜欢拿自己开玩笑，因为他们永远也不可能中奖。提高彩票吸引力并不是一件简单的事。因此需要进一步研究如何重塑彩票品牌的问题。

哥伦比亚一位年轻的非购彩者在受访时表示："我知道很多人会买一些彩票。而诸如机会、彩票或抽签这些词对我来说就如同幼稚、有趣、传统、不方便、浪费钱等这些词一样，并且我永远不会做这些傻事。"

资料来源：刘娟．平时不买彩票的人怎么看彩票［J］．国家彩票，2018（10）.

上述研究主要针对国外受访者，这对更好地发展我国彩票市场具有启发意义。即应该采用科学的方法，深入了解那些不购彩人群之所以不购彩的原因，考虑转化的可能性、路径和针对性策略等。特别是如果想丰富和优化彩民人群结构，吸引高收入、高学历、高素质人群理性购彩，就必须要先了解其为何从不购买彩票。从品牌长期管理的角度来看，了解人们不购彩的原因是优化彩票品牌形象、提升彩票品牌影响力所必需的前提条件。

参考文献

［1］王家年．彩票收藏的文化底蕴［J］．彩票研究，2009（7）：16.

［2］刘娟．平时不买彩票的人怎么看彩票？［J］．国家彩票，2018（10）.

第8章
彩票新产品开发和彩票品牌延伸

8.1   彩票新产品开发

彩票行业多样性的发展关键在于不断设计发行新的彩票产品，而且各种彩票产品的差别要明显。乐透型彩票之所以成为全球彩票的主流是与其玩法多变、方式多样、复合性和趣味性强的特点分不开的。各国彩票发行机构对即开型彩票的多样性也在不断地挖掘和探索。这些是保持彩民好的购彩体验的关键。

当然，任何新产品开发都是一项艰巨而又复杂的工作，要投入大量资金，还要冒很大的风险。为了把有限的人财物力用在刀刃上，彩票新产品开发中极为重要的是，必须按照一定的科学程序来开发新产品。这一程序，一般包括产生构思、筛选构思、概念发展与测试、制订营销计划、商业分析、产品开发、市场试销、商品化等步骤。

8.1.1   彩票产品创新的分类

营销者常常需要对原有产品进行丰富，甚至进行品类的突破，这都意味着不同程度的产品创新。产品创新大致可分为两大类。

（1）产品线延伸。产品线延伸通常是增加了品牌的不同成分、不同形式或大小，或者不同用途。比如，中国体育彩票推出竞彩，这是开辟了一个新的细分市场，导入了不同于乐透型和即开型彩票的新的游戏玩法，这是产品线的延伸，并且是一种横向延伸，它增加了体彩产品线的宽度。而竞彩如果在原有的篮球竞猜和足球竞猜基础上再增加新的玩法，则会进一步丰富其产品线，这也是产品线的延伸，并且是一种纵向延伸。彩票行业的绝大多数延伸都是产品线的延伸。

（2）品类延伸。即将母品牌应用于另一个不同的品类。它意味着一个彩票品牌进入了非彩票领域，这种可能性目前在彩票业是微乎其微的。

8.1.2 彩票新产品的品牌战略选择

在品牌管理方面，当推出一种新的彩票游戏产品时，其品牌战略有三种方式可供选择。

（1）单独为新产品开发一个新品牌。也就是说，用新的彩票品牌来驱动新的彩票游戏产品。比如，2009年4月28日，竞彩正式宣告上市开售。竞彩就是体育彩票推出的竞猜足球比赛和篮球比赛的彩票品牌。相对于过去，是新品牌驱动新产品。竞彩足球游戏推出4种游戏玩法，分别为"胜平负游戏""比分游戏""总进球数游戏"和"半全场胜平负游戏"，竞猜的比赛由国家体育总局体育彩票管理中心选定并向社会公布。这种游戏产品的特点是返奖率高（2014年底提高返奖率至73%）、玩法简单、娱乐性强、中奖率高、奖金透明。竞彩的品牌命名比较清晰地传达了产品内容，容易识记和传播。

（2）使用现有的某个品牌。比如，在竞彩品牌下开发更多的游戏产品。2016年上海体彩把电竞游戏与竞彩联系在一起，市民在现场观看电竞联赛时，通过扫码即可换得一张虚拟彩票，中奖彩民可获得实物奖品。虽然只是尝试，但也说明竞彩品牌的产品线中还有很多想象的空间。

（3）将新彩票品牌与现有彩票品牌结合使用。最常见的形式是子母品牌战略，也就是原有的彩票品牌作为母品牌，再发展出新的子品牌。事实上，中国体育彩票就可以被理解为一个母品牌或者被叫作家族品牌，其旗下的竞彩、大乐透等都属于其子品牌。子品牌也可以再发展自己的子品牌，比如竞彩足彩。

而上述第二、第三种方式本质上都属于品牌延伸。

8.2　彩票品牌延伸

利用一个已建立的品牌推出新产品的方法叫作品牌延伸（brand extension）。最严格的品牌延伸的定义是使用原品牌进入新的产品品类，（如第8.1.2中的第二种方法）。有时，也可以包含新品牌与现有品牌结合使用的情形（如第8.1.2中的第三种方法），那么这一新品牌也叫作子品牌（sub-brand），实施品牌延伸的现有品牌被称为母品牌（parent brand）。如果母品牌通过品牌延伸已经与多个产品联系，它还可以被称为家族品牌（family brand）。因此，中国体育彩票、中国福利彩票旗下都有众多的子品牌，它们都可以被理解为家族品牌。

在任何领域，品牌延伸得以成功首先是因为消费者对原品牌或母品牌拥有至少一些正面的认知和联想。彩票品牌延伸也必须满足这个前提条件，这要求家族品牌和母品牌必须拥有优质的品牌资产。反过来，如果在新进入品类表现不佳，甚至出现丑闻，就会对原品牌或者母品牌、家族品牌造成负面溢出，导致原品牌或者母品牌、家族品牌的品牌资产受到损害。

＊延伸阅读8-1＊　通过"锦鲤"重新认识即开票

要问当下最火的体彩即开票是哪一款，非"锦鲤"莫属。该票自2020年5月15日起在全国开展"购彩遇锦鲤　好运又有礼"活动以来，千元电商卡送出的速度十分"惊人"。与此同时，各地购彩者中得大大小小奖项的消息也不断传来。这些足以表明"锦鲤"的火爆程度，由此也让人们对体彩即开票有了全新的认识。

彩票承载着幸运，"锦鲤"也代指与好运相关的事物。当一条吉祥、欢腾的"锦鲤"跃然于即开票上，更是唤起了人们对好运的向往。人们希望在生活中寻找属于自己的锦鲤，邂逅幸运并传递祝福。"锦鲤"即开票正是因为具有这样美好的文化寓意，一上市便受到大众的喜爱，这也是人们愿意购买它，甚至转赠它的一个原因。在购买或送出每一张"锦鲤"即开票的同时，也随之感受了一次即开的喜悦，送出了一份美好的祝福。

极具收藏价值、玩法简单、趣味性强、即开即兑等，这些特点是"锦鲤"广受青睐的诸多原因，更是体彩即开票所具备的独有特性。它满足了人们对彩票游戏的娱乐需求，也提供了随手做公益的渠道。兼具娱乐性和公益性，还有机会中大大小小的奖项，是很多人对体彩即开票的最初印象。今天，数不胜数的"锦鲤"即开票在售卖与分享时，传递的不仅是娱乐与好运，更是对公益事业和向上向善的生活理念的广泛传播。

从每年新春的生肖票，到奥运会等主题票，再到展示大国重器的"新速度新高度"等，体彩即开票记录历史发展，反映人民生活，其浓重的文化内涵得到购彩者的普遍认可。通过"锦鲤"票的热销不难看出，这种认可已体现在人们的购买行为中。再加上题材多样、玩法丰富等特点，即开票已经成为越来越多的人放松心情、娱乐身心的一个途径。

现阶段，新冠肺炎疫情已在我国得到有效控制，大众正在回归正常生活，"锦鲤"等体彩即开票的适时上市并伴随各类推广活动的开展，为全国体彩复市和各地实体店复工注入了一针"强心剂"，也为人们的娱乐生活增添了新选择。可见，"锦鲤"果然是好运的象征，这也是即开票在现阶段体彩市场发展中所起到的重要作用。

体彩即开票自 2008 年发行奥运会主题票以来，设计水平和印制工艺不断提高，消费者的购彩体验和中奖体验也在不断提升。"锦鲤"的上市，使体彩即开票跃过龙门，让人们对它又有了新的认识，相信在今后，体彩还会不断推出更多精美且好玩的新票，继续记录社会发展，反映人民生活，在娱乐大众的同时，给爱心一个释放的空间。

资料来源：中国体彩官网，https：//www. lottery. gov. cn/。

阅读与思考：

（1）在进行即开票新产品开发时要把握哪些关键要素？

（2）上述资料是中国体彩的一篇新闻报道，如果现在想面向目标彩民进行品牌沟通，请你为"锦鲤"即开票设计一则广告语。

第9章
彩票品牌声誉管理

9.1　彩票品牌声誉的概念

9.1.1　彩票品牌声誉的含义

自 20 世纪 90 年代以来，研究人员就发觉人们在处理与品牌的关系时，会将品牌视为人。人们会关注品牌有什么样的个性？自己应该与品牌建立什么样的关系？等等。其中，这个品牌可信度如何，是人们在与品牌建立和发展关系时一个很重要的指标，就如同在社会生活中，人们会通过"人品"的判断来决定是否与一个人交往或者交往的程度，这就涉及品牌声誉的问题。

关于品牌声誉，王海忠教授（2014）在《高级品牌管理》一书中有较详尽的论述，对彩票品牌声誉管理具有指导意义。品牌声誉（brand reputation），即品牌作为"人"的可信程度。品牌声誉是表明品牌以一种相似的、可预期的方式进行行为活动的意愿与能力，它是品牌在其发展过程中所积累起来的"名声"；同时，品牌声誉还代表着一个品牌向市场、竞争者及其顾客传递信号的意图、承诺与动机。如果一家公司总不能向其利益相关者兑现其承诺，它将失去声誉，也就失去后续阶段向市场继续传递信号的能力，而这种传递信号的能力在经济学角度来看就是品牌得以存在的前提。

考察品牌声誉既可以从产品品牌层面也可以从公司品牌层面进行。

对于声誉概念，大体上可归为三类观点，分别是声誉资产观（asset）、声誉评估观（assessment）和声誉感知观（awareness）。声誉资产观认为品牌声誉是可以为企业带来财务增值的资产；声誉资产观侧重于从经济角度考察品牌声誉。声誉评估观是指消费者及其他利益相关者依据自身对公司所做的评价，这种评价是持续性、累积性而且是全面的。声誉感知观则强调了外部利益相关者对公司的实际感知，这种感知可以是基于公司过去的言行所获得的感知，也可以是基于现状并对公司未来的预期感知。

我们可以从感知角度来理解彩票品牌声誉的概念，把"彩票品牌声誉"定义为：彩票品牌利益相关者对彩票品牌及其产品和服务的认识，是对其长期一致性的评价。

9.1.2 彩票品牌声誉的特征

品牌声誉具有一些共性特征，彩票品牌声誉也不例外。

9.1.2.1 历史积累的特征

声誉需要一个长期形成的过程，并非一蹴而就。想要形成良好的品牌声誉，必须经过日积月累的努力。研究表明，品牌历史会成为消费者判断产品质量的一个线索，历史越悠久，越能够降低消费者对产品的感知风险。此外企业运营的历史记录也有助于消费者对产品的未来质量做出更为准确的预期，这种预期也有助于提高消费者对产品质量的信任。悠久的品牌历史在一定程度上能够打消消费者对于产品质量的疑虑。

彩票品牌声誉的积累也是一个长期形成的过程，这个过程中所取得的成效恰好可以成为有力的品牌可信度的证明。这也是为什么前面提到应该积极运用彩票品牌历史进行沟通的原因。但也要注意到不仅好的声誉可以积累，坏的声誉一样可以积累，如果品牌发生丑闻的频率比较高，或者丑闻给人的可信度比较高，那同样可能导致负面的品牌声誉。因此，一旦出现彩票品牌的负面信息，就算不一定客观，也要具有危机公关的意识，及时处理。

9.1.2.2 利益主体的多元性

品牌声誉涉及品牌的众多利益相关者对品牌的认知与评价，因此管理品牌声誉时，需要兼顾到各主要利益相关者的需求。彩票品牌也是如此，其利益相关者包括政府、彩民、投注站、社会网点、物流配送方、广告公司、社会公众等。

彩票品牌声誉的主体多元性要求我们在衡量品牌的声誉时需要注意是从哪个利益主体处获得声誉信息，信息来源的不同可能会带来迥然不同的评估结果，因为各方关注的焦点和信息评估的方式不同。比如，政府对彩票机构声誉的评估的关注点可能在于其完成公益金情况、安全运营情况等，而彩民对彩票品牌声誉的评估可能在于中奖概率、管理流程透明公正、有无负面信息、网点建设和服务等。这一方面说明彩票品牌应全面了解和尽量兼顾不同利益相关者的合理的需求，另一方面在针对不同利益相关群体进行沟通时也应强调不同的诉求点，并采取差异化的沟通方式。

9.1.2.3 品牌声誉的脆弱性

品牌声誉来之不易，却又可以在朝夕之间毁于一旦。纵观商业史，不难发现很多看似强大的品牌因为某个突发事件，而在一夜之间灰飞烟灭。当然，所谓突发事件只是相对而言，作为公司和品牌，有无成熟的危机管理机制至关重要。另外，如果公众感到公司或品牌"言行不一"，也就是说，一方面口口声声强调社会责任，另一方面却做着有违社会责任的事情，这样会让人们产生"伪善"感知，会对品牌形象和品牌声誉带来更严重的伤害。彩票行业本身存在一些特别的管理方式和规则，比如停止售彩到开奖之间要有一个时间间隔、有些国家或区域在兑奖时允许匿名等，这些都可能让人们议论纷纷。一旦出现与之有关的负面信息，很容易造成快速传播，损害彩票品牌形象。对此，彩票品牌管理机构应该有充分的危机管理意识，一旦发生此类事件能迅速妥善处理。同时，也应该要加强与彩民和社会公众的日常沟通，消除误解的可能性。

＊延伸阅读 9 –1＊　各国彩票趣事

彩票在国际上已有近 900 年的历史，深受全世界各国人民的喜爱。各国彩票趣事，一起来看看吧！

澳大利亚猜对天气中大奖

澳大利亚彩票公司曾推出一种"天气彩票（Weather Lottery）"，彩民只要赌对当天气温就有机会赢得 100 万澳元（约合人民币 490 万元）大奖。

用户需要先每月花 25 澳元（约合人民币 123 元）订阅"天气彩票"服务，才可以从 0 到 9 之间选择 7 个数字，代表每周 7 天的气温。举例来说，如果悉尼气温为 30.6 摄氏度，你选中 6 的号即为中奖。

天气彩票的创意灵感实际上源自欧洲比较流行的"邮编彩票"。希望这种新彩票能够吸引澳大利亚人支持慈善事业。

日本设有彩票节

日本人最喜爱的博彩游戏就是彩票，该国是全球唯一设有彩票节的国家，让买彩票成为更有乐趣的活动。

日本彩票节在每年 9 月 2 日举办，据说是为了提醒彩民核对手中的彩票。每年彩票节，媒体都会筹办各种彩票特别节目，如"彩票日快乐抽奖会"就会从每年购彩者未中奖的彩票中抽取中奖者，中奖者可以获得特别纪念礼品。

日本彩票还有一个独特的"传统"——每年都会发行以幸运女神为券面图案的彩票。彩票协会每年在全国各地公开选出六位幸运女神，任期为一年，任期期间必须到全国各地进行彩票宣传活动。

冰岛女总统买彩票不兑奖

冰岛的彩票品种虽不多，但贴近现实生活，地域色彩浓郁，且面值不高，具有艺术价值和收藏价值，所以深受百姓喜爱。

不仅冰岛百姓喜爱彩票，政府官员也有此爱好。四次连任冰岛总统的维克迪丝·芬博阿多蒂尔，是冰岛独立后的首任女总统，也是冰岛头号彩民。她在 21 岁时曾因中了一个 21 万美元的大奖而一度成为新闻人物。在她于 1980 年当选总统后，她决定买彩票不兑奖，重在参与，在她 72 岁高龄时依然保持着购买彩票的习惯。

俄罗斯：普京中奖获座驾

俄罗斯总统普京虽然从小就很喜欢汽车，但是由于家庭生活并不富裕，并不能购买一辆汽车。大学三年级那一年，有一次普京的母亲在食堂吃饭，食堂师傅一时没零钱，就送给他们母子一张彩票，但让人没想到的是那张彩票居然中了一辆"扎波罗热茨人"牌小汽车，普京见到小汽车后喜欢得不得了。虽然家里很拮据，但父母还是没有卖车换钱，而是把它送给了儿子。

这辆汽车普京开了10万公里，之后卖给了克格勃的一个同事。普京当上总统后，朋友又帮他找回了这辆车，给了它第二次生命。

资料来源：中国福利彩票官网，http：//www.cwl.gov.cn。

阅读与思考：

从彩票当中挖掘趣事趣闻，有助于增强彩票的娱乐属性，改变人们对彩票固有的刻板印象，这何尝不是提升彩票品牌想象、进行彩票声誉管理的一个途径呢！

9.1.3　彩票品牌声誉管理的作用

品牌声誉的作用可以从两个方面来综合考察，一是其扮演增值角色（generate role），即可以带来高绩效的正面的促进作用；二是扮演保值角色（preserve role），即已经形成的良好声誉有利于品牌抵御负面事件中丑闻对品牌造成的伤害，从而起到缓冲作用。

9.1.3.1　增值作用

众多研究表明，良好的声誉能够带来持续的竞争优势。对于彩票机构而言，这些竞争优势包括以下几个方面。

（1）拥有更高的员工招募率和保留率。如果各彩票机构具有良好的品牌形象和口碑，则会吸引更多的人特别是高素质的员工加入。

（2）增加彩民对于具体彩票产品和服务的信心。当有新的游戏上市时，

167

彩民也更乐于去尝试。

（3）良好的彩票品牌声誉有助于提高彩民的重复购买率，并能有效地吸引潜在彩民。

（4）良好的彩票品牌声誉有助于彩票机构获得持续的经营业绩，从而更好地为社会公益金的筹集出力。品牌声誉对经营业绩的影响具有延期效应（the delaying effect），这一方面是说品牌声誉的正向影响的产生需要一个过程，另一方面也说明良好的品牌声誉一旦形成，则会对在未来相当长的时间里促进保持好的业绩。

9.1.3.2　保值作用

所谓保值，是指在品牌遭遇负面事件，甚至是影响极大的丑闻事件时，已建立起来的品牌声誉为企业安然度过危机提供了缓冲作用。这种保值作用的产生是源于当品牌深陷丑闻时，已有的声誉资本能够减缓利益相关者对"涉案"品牌的惩罚，减少关系资产的损失。

（1）如果拥有声誉资本，那么当彩票品牌发生丑闻时，往往被归因为是管理不善，而不是管理者的恶意行为导致的。声誉越佳，利益相关者对其惩罚的程度越轻。

研究表明，利益相关者惩罚违规企业或品牌的程度取决于其如何归因，也就是利益相关者会依据对企业或品牌行为动机的评估，评价企业或品牌应该在多大程度上为丑闻事件负责任。如果利益相关者认为引发负面事件的原因是企业内部产生的、可控的甚至是经常出现的，那么利益相关者就会严厉惩罚企业（比如消费者会抵制企业产品的销售）；如果利益相关者认为负面事件的产生不是企业的本意，是偶然不可控的甚至是外因造成的，那么利益相关者会减少对企业的惩罚，甚至原谅企业的过失。而良好的声誉会让人们对企业或品牌具有良好的信任和信心基础，从而在进行负面丑闻的归因时更倾向于对其进行比较宽容的解读。

（2）良好声誉会使得品牌更容易获得消费者和社会公众的原谅，从而更容易从丑闻事件中恢复过来。彩票品牌如果拥有良好的声誉，即使犯了错，也容易让人愿意去相信其本质是好的，是有意愿去改正的。这时如果品牌能及时采取有效的措施进行纠正，并将纠错方案与公众及时有效地进行沟通，那它也就更容易获得原谅和认同。

（3）声誉资本有利于保持员工忠诚，提升品牌价值。人们更愿意效力于声誉良好的企业。员工通过在企业工作，不仅是获得眼前的报酬、职位、晋升机会等，还希望能对企业未来的发展抱有信心，更重要的是还需要从企业和工作中获得成就感和自豪感。拥有良好声誉的企业无疑更有助于员工实现上述这些方面的理想，从而促进员工忠诚，也提升了企业品牌资产。

9.2　彩票品牌危机管理

9.2.1　彩票品牌危机的概念

一般而言，品牌危机始于品牌负面事件，这种品牌负面事件包括多种来源：产品质量出现问题、品牌道德事件、代言人的不当言论与行为波及所代言品牌。这些负面事件如果被企业及早发现并控制，事件的负面效果将最小化；如果负面事件没有得到企业的及时关注与解决，那么经媒体广泛报道并引起社会公众的普遍关注后，负面事件将演化为丑闻事件。

品牌丑闻（brand scandal）是企业在经营过程中发生的关于产品/服务或企业整体的具有较大破坏性和传播性的负面事件。品牌负面事件不一定会演化为品牌丑闻，但它是品牌丑闻的导火索。

9.2.2　彩票品牌危机分类

如果用"德才兼备"来评估品牌，那么，"才"就体现在为顾客提供优质产品与服务，"德"则表现在品牌的行为是否符合社会规范，是否与现行的道德标准一致。品牌在"才"方面的缺陷，会导致产品质量事件；而在"德"方面做得不够，就会引发品牌道德丑闻。

9.2.2.1　产品质量危机

产品质量危机是指由产品质量问题引发的产品危机事件。根据产品质量危机的产生根源可以分为两种情形。一是因产品质量本身问题引发的质量事件。二是因产品在流通或者消费的过程中遭人为破坏，或其他不可抗力而形成了产品伤害消费者的事实。

彩票不是有形产品，不存在一般意义上的质量问题。但彩票游戏的设计同样是有质量可言的，如果存在重大的漏洞或者不合理之处，就会由此产生负面事件，甚至演化成危机。

9.2.2.2　品牌道德丑闻

品牌道德丑闻是由于品牌"德"出了问题。比如，品牌在社会责任履行上存在"言行不一"的行为，从而被认为是"伪善"，或者品牌代言人、品牌联盟中的合作伙伴等出了道德丑闻，都有可能会影响到品牌自身。彩票产品本身的特殊性、问题彩民的存在等，都可能会使人们对彩票品牌产生怀疑。这时如果恰好有负面事件发生，是比较容易演化为"道德丑闻"的。

9.2.3　彩票品牌危机管理

遭遇危机对品牌而言，是难以绝对避免的事情。品牌危机的发生具有一定的突发性，并且，所谓"好事不出门，坏事传千里"，负面信息总比正面信息更吸引人们的眼球，形成快速扩散。但品牌危机还是可以防范，至少是可以减缓其负面影响的。这就需要对品牌生命周期有基本的了解。

9.2.3.1　品牌危机的生命周期

品牌危机起源于不利于品牌的负面事件的发生，如果不能及时控制负面事件的发生，负面事件的蔓延就会让品牌陷入危机境地。当品牌负面事件被媒体广泛报道，并引起社会公众的广泛关注时，该负面事件就转化为品牌丑闻。品牌丑闻或品牌危机比品牌负面事件更为严重。但是，一个负面事件从发生到消弭，其经历过程类似于人类的生命周期。一般而言，品牌危机的发展可以分为四个阶段。

（1）危机潜在期。该阶段属于负面事件初始形成的阶段，最不易为人所知，但如果能够洞察，则最容易处理。

（2）危机突发期。该阶段是事件集中爆发期，虽然历时最短，但造成的心理冲突最剧烈，反应及时的公司和品牌往往能够在该阶段着手处理危机事件，而反应迟缓的公司和品牌则往往错过最佳的处理时间，进而让负面事件演变为丑闻事件，让事件进入蔓延期（即第三阶段）。

（3）事件蔓延期。它是四个阶段中时间较长的一个时期，但妥善的危机管理有助于缩短该时间段。

（4）危机消弭期与品牌恢复期。品牌度过危机、暂时性地从负面事件中摆脱出来，但品牌仍需保持高度警惕，防止负面事件的再度发生。

9.2.3.2　品牌危机管理体系

品牌危机管理要求企业形成一套系统的危机管理体系，这套危机管理体系包含以下几个关键点：品牌声誉危机预警，承担责任，快速应对，寻求恰当的应对方式，化危险为机遇。

（1）品牌声誉危机预警。凡事预则立，不预则废。在负面事件刚刚出现，尚未演变为丑闻事件时，是进行危机管理的最佳时刻，也能够最大程度降低负面事件的影响。如何建立危机预警系统？下面是一些建议。

a. 建立良好的声誉预警机制。对彩票品牌管理者而言，就是要有未雨绸缪的意识，有助于及早发现危机的端倪。

b. 建立危机管理机构。危机管理小组的人员构成，应当包括彩票机构的管理层、公关部门和各主要部门管理者，成员之间沟通应该是无障碍的，当危机发生时该机构迅速转为危机领导核心。

c. 彩票市场常规性舆情监测。任何危机爆发前都会有先兆，有效的舆情监测有助于了解彩票品牌利益相关者发出的对品牌声誉不利的声音。这种舆情监测在社会媒体高度发达的情况下，显得尤为必要，因为当今每个消费者都有可能利用自身掌控的自媒体（如微博）发布对品牌不利的信息。

对任何一个企业和品牌而言，预防危机都比处理危机更重要、更可取。在负面事件初始阶段通过科学分析做出事前预测和判断，从而将事件控制在酝酿、萌芽状态，在不被人察觉时将危机化解，从而将危机控制在萌芽期，避免危机进一步扩大。

（2）坚持彩民第一原则，第一时间承担责任。在危机处理中，彩票机构是否从顾客也就是彩民角度出发，第一时间承担责任而不是百般推卸，是考验彩票机构和彩票品牌是否真正具有顾客导向，是否认识到创建与培育品牌源于顾客心智的选择。危机事件中，组织利益往往与公众利益相违背，一些目光短浅的组织为获取眼前利益总是会在责任未明之前对事件责任进行推诿，而危机管理的关键则是——无论谁是谁非，组织应主动、第一时间承担起责任。

（3）快速应对原则。品牌危机本身具有突发性与扩散性，危机应对应该强调及时性。越早发现危机并迅速控制事态，越有利于危机的妥善解决和降低各方利益的损失。企业应对危机的快速原则需要企业有良好的预警系统作为支撑，在危机发生后，要尽可能快地了解整个过程，在对内与对外两方面做出迅速反应、采取措施，以防事情进一步恶化。在对内沟通方面，危机管理要求彩票机构内部全体员工保持统一口径，防止因不同的解释造成混淆，内部员工不应该成为危机处理的旁观者，让员工了解事件进展、甚至参与危机处理。这样做，一方面可以安抚员工不安的情绪，另一方面也有助于减轻组织的内部压力，以便将更多的精力用于外部沟通。在对外沟通上，彩票机构应该及时将最新的事件进展与应对措施等信息与利益相关者沟通，包括政府有关部门、彩民、媒体、合作者以及其他相关组织，如此有助于消除外界的质疑，防止因信息真空造成各种误会与猜疑。

在危机管理中，及早向外界发布信息既体现出组织对危机事件的重视与快速反应的姿态，又可以平息因信息不透明而产生的虚假谣言，赢得公众信任。同时，在危机发生后第一时间与利益相关者进行沟通公关，争取塑造良好的外部环境，分解组织的外部压力，有利于危机的妥善解决。谁能第一时间做出反应，谁就掌握了主动。当然，快速应对原则并不是单纯为追求速度而做出仓促决定，要避免在危机发生后第一时间发布声明，但因为考虑不周又删除，然后再发布，这样反复的做法显然会遭受诟病。

（4）选择恰当应对方式。在面对品牌危机时，彩票机构有各种应对方式可供选择，包括寻求权威组织支持、道歉、否认、沉默、对有问题的产品采取召回或其他策略等。彩票机构应根据不同的情况选择不同的应对方式，或者多种方式组合使用。

a. 寻求权威组织支持。在品牌危机发生过程中，由于品牌自身声誉受损，企业所发布信息的可信度有可能受到公众的质疑，在这种情况下寻求权威组织的帮助显得尤为重要。对彩票机构而言，典型的具有公信力的组织包括世界彩票协会、政府有关部门等。

处于危机中的企业，其利益关系往往会和社会公众产生一定程度的冲突，企业作为信息源的可靠性将受到公众的挑战，其信息与解释难以被公众直接接受，说服力不足。此时企业如果能借助权威组织或部门对企业的声音进行"背书"与肯定，这种第三方传递出的信息往往能起到降低公众警戒心，重获消费者对品牌的信任的作用。

b. 道歉。如果确实因为品牌负面因素而给彩民造成损失，彩票机构经常采用道歉或者道歉与补偿组合的形式来弥补受损的彩票品牌声誉。

c. 否认。如果确实是因彩票品牌自身以及彩票机构管理中的问题而损害了彩民或相关者的权益，那么彩票机构应该避免采用否认的回应方式，而应该在第一时间积极承担责任。但如果彩票品牌被谣言所困扰，则彩票机构采取"否认"的策略才更为合适，并且要为这种"否认"拿出强有力的证明。但不管是发生何种情况的负面事件，采用沉默的方式来应对危机是最不可取的。

（5）转"危"为"机"。顾名思义，"危"与"机"密切相关，品牌危机中同样蕴含着品牌机遇。关键在于管理者如何化"危"为"机"，达到品牌进一步成长的目的。

＊案例 9－1＊　　国家体彩的一次危机处理

2017 年 8 月 19 日上午 8 点 40 分，国家体彩系统突发故障，致使全国除河北、海南及湖南以外多地体彩投注机无法登陆。当日 13 时许，销售陆续恢复。在这个过程中，中国体育彩票管理中心进行了较为及时有效的沟通，防止了潜在负面信息的蔓延和扩大。

当天11：17，体彩官网发布公告，称：系统故障，正在努力排查故障原因。

13：17，体彩官网发布公告，称：经由技术人员紧急修复，投注站售票已在陆续恢复，可正常购票。

19：33，体彩官网发布公告，称：投注站售票已恢复正常，因技术故障给广大购彩者带来不便，在此诚挚道歉。

22：05，体彩官网继续公告，对本次系统事故做出解释：故障由后台数据库软件自身缺陷引起。最后公告的详细内容如下：

2017年8月19日08点41分起，除河北、湖南、海南外的28个省（区、市）体彩投注站相继出现售票故障。原因为后台数据库软件自身缺陷，大量占用系统资源，造成数据库系统运行效率降低，数据处理能力大幅下降，导致终端机无法正常销售。经与软件厂商共同处置，各体彩投注站于13点20分恢复销售。对由此给广大购彩者带来的不便我们诚恳道歉！

在故障处理期间，社会各界和广大购彩者给予了充分的理解、信任和支持，我中心表示衷心的感谢！我们将认真总结此次故障的经验和教训，持续提升技术能力，提高服务水平，努力建设负责任的、可信赖的国家公益彩票，与广大购彩者一道，为国家公益事业添砖加瓦。

我们需要也欢迎媒体和公众对体育彩票工作的监督，这是公益事业的重要组成部分。在故障期间，许多媒体进行了持续报道，体现了对国家公益彩票的关心。但有个别媒体做了不实报道和恶意造谣，对此我中心将保留追究其法律责任的权力。

特此说明。

国家体育总局体育彩票管理中心
2017年8月19日

除此以外，国家体彩第一时间就此事，向投注站站主和销售员发了致歉信。体彩有关工作人员在当天9点左右，就已经开始和各地方彩票机构、媒体等进行了及时沟通，保持了信息的通畅。

资料来源：国家体育总局体育彩票管理中心官网，http：//lottery. sports. cn。

案例分析：

中国体彩中心对这次发生的事件进行了迅速的处理，并全程与利益相关者保持了较好的持续的沟通。这有助于排解彩民和销售网点的疑惑，防止不必要的负面信息蔓延，同时坦诚问题所在，也表现出了敢于承担责任的品牌形象。

∗ 延伸阅读 9 – 2 ∗　　品牌危机公关策略分析

事实上，无论是世界著名品牌，还是普通的小品牌都难免遭受到突如其来的危机考验。一旦危机发生，会使品牌信誉和形象在危机中遭受重创，甚至危及生存。但如果品牌背后的企业能采用正确的危机公关策略，进行及时的危机公关，品牌就能够安然渡过危机难关。就此，刘怀宇、韩福荣（2005）进行了具体的分析，主要观点如下。

1. 品牌危机与危机公关的实质。

品牌危机公关就是当危机事件发生后，品牌企业和媒体、政府有关部门或权威机构等社会主体积极合作，保持和公众的适时沟通，并采取实际行动挽回危机事件给消费者带来的损失，保护消费者和公众的利益，维护和加强品牌和消费者之间的信任关系，树立良好的品牌形象。

2. 品牌危机公关分析。

企业进行危机公关，一般都要和消费者、公众、媒体、权威机构及其他利益相关社会主体进行沟通合作，使企业自身利益、公众利益、媒体和权威机构的公信力协调一致。

（1）企业内部公关。a. 企业要迅速组建危机公关小组，有必要时可以根据情况聘请社会专业公关资源做顾问进行协助。b. 向企业内部成员通报有关危机真相和处理进展，号召大家团结一致。c. 危机公关小组的工作和经营管理人员之间的工作不发生干扰。d. 设立 24 小时开通的危机处理信息中心，随时接受媒体和公众的访问。

（2）消费者和公众公关。当重大责任事故导致消费者和公众利益受损时，要用最快的速度直接和受害者进行坦诚的深层沟通，尽量满足他们的合理要求，给予一定的精神和物质补偿。

（3）媒体公关。危机一旦发生后，企业要在最短时间内通过媒体发表坦诚声明，承诺将迅速对危机进行处理，并及时对外通报。通过新闻发布会等形式向媒体通报全部事实真相和处理危机所采取的具体行动。

（4）权威机构公关。在危机发生后，企业应积极邀请代表公众利益和公正的第三方，如政府、质检部门、专家学者、消协等权威机构参与调查和处理危机。他们的声音具有公信力，能够赢取公众的最大信任。

参考文献

[1] 刘怀宇，韩福荣. 品牌危机公关策略分析 [J]. 商场现代化，2005 (28)：99－100.

[2] 王海忠. 高级品牌管理 [M]. 清华大学出版社，2014.

第 10 章
彩票品牌的社会责任形象管理

10.1　彩票品牌社会责任形象概述

10.1.1　彩票品牌社会责任形象的概念

如前所述，品牌形象（brand image）可以被定义为顾客对品牌的感知，它反映为顾客记忆中关于该品牌的联想。换句话说，品牌联想是记忆中与品牌节点相关联的其他信息节点，它包含顾客心目中的品牌含义。作为彩票品牌，其天生的为公益服务的特点决定了社会责任形象是其品牌形象中必须包含的重要维度。彩票品牌的社会责任形象即彩民和社会公众对彩票品牌社会责任的感知，也就是最终形成在彩民和社会公众记忆中关于彩票社会责任的联想。

10.1.2　彩票品牌社会责任形象的影响因素

彩票品牌社会责任的形象与彩票社会责任的实践有关，也与彩票品牌就此与彩民和受众进行沟通和传播的策略有关，并容易受到彼此之间认知和口碑的影响。

第一，彩票品牌社会责任形象与其社会责任实践的情况有关。各国彩票公益金都对本国的社会公益做出了不同程度的贡献，但也会有所侧重。在中国，福利彩票强调发行宗旨为"扶老、助残、救孤、济困"，并且确实在这方面做出了突出的贡献。而中国体育彩票的发行宗旨为"来之于民，用之于民"，它也对中国社会公益做出了重要贡献。双方的社会责任实践都是功不可没的。

第二，彩票品牌社会责任形象与就此所采取的沟通策略有关。即使彩票品牌在社会责任方面确实做出了重要的实际贡献，但如果没有及时有效的沟通，也可能不被彩民和社会公众所了解。或者沟通方式太过单一和陈旧，不足以建立令人印象深刻的社会责任形象。

第三，彩票社会责任形象尤其容易受到彩民和社会公众彼此之间认知和口碑的影响，尤其是一些负面信息的传播，更容易扩散，并且造成人们对彩票的负面认知。在此需要说明的是，一方面，有些负面信息不一定是真实的，但彩民和社会公众并没有足够的动力和信息去辨识真伪。另一方面，在彩票系统中出现的一些个别的贪污腐败等案例也很容易被过度解读为整个行业和系统的问题，从而导致对整个彩票行业品牌形象的负面溢出。当面对这些问题时，尤其需要彩票品牌管理方深入了解，并有针对性地制定相应的沟通策略。

10.1.3 彩票品牌社会责任形象管理的意义

10.1.3.1 是彩票品牌管理的本质需要

既然彩票品牌形象中最核心和重要的维度是彩票品牌的社会责任形象，那么彩票品牌管理的一个重要目标在于建立正面的、强有力的、有吸引力的社会责任形象。这是由彩票天生的服务于公益的特性以及彩票产品本身的特殊性所决定的。彩票业作为一个极具争议的行业，若在履行社会责任方面积极有为，并通过良好的方式与社会公众进行沟通，这必然有利于彩票获得社会的理解与认可，促进彩票品牌和整个行业的良性发展。

10.1.3.2 是彩票行业健康可持续发展的需要

彩票品牌社会责任形象如何，直接关系到彩民的信任，关系到潜在彩民转化的可能性，关系到彩票市场的发展，关系到公益金筹集的规模，并最终影响公益事业的投入和发展。因此，必须从战略上重视彩票品牌社会责任形象的建设。

10.1.3.3 是其他一切营销策略开展的前提和基础

只有有了良好的社会责任形象，相应的营销策略组合才能充分发挥作用。同时，在采用一些品牌杠杆策略时才能产生预期的效果。

∗延伸阅读 10 −1∗　中国体育彩票通过世界彩票协会责任彩票三级认证

2018 年 12 月 21 日，中国体育彩票通过了世界彩票协会责任彩票三级认证。世界彩票协会（WLA）是一个旨在促进国家授权彩票机构发展的会员制组织，其会员涉及五大洲 82 个国家和地区的 229 家彩票机构和公司。为指导彩票行业安全合规运营，倡导责任理念，营造健康良好的行业环境，世界彩票协会制定了完善的责任彩票体系，其中包括四个等级认证。中国体育彩票分别于 2012 年、2016 年通过了世界彩票协会责任彩票一级、二级认证。

2017 年，中国体育彩票明确了"建设负责任、可信赖、健康持续发展的国家公益彩票"的发展目标，制定了《中国体育彩票责任彩票工作三年实施纲要（2018 −2020）》，大力加强责任彩票体系建设。2018 年以树立责任意识、明确合规红线、建立责任底线为目标，完善了符合中国实际的责任彩票内容体系，积极稳妥地推动责任彩票建设工作，并于 12 月 21 日正式通过世界彩票协会责任彩票三级认证。

世界彩票协会责任彩票独立评审委员会对中国体育彩票责任工作进行全面评价，在肯定中国体育彩票责任彩票整体建设的同时，还从开展多样化调查研究、全面实施员工培训、严格审批游戏产品、严格制定广告宣传制度、清晰划分利益相关者、有效推进报告和衡量等方面肯定了中国体育彩票责任彩票工作实施亮点和成就。

履行社会责任已是世界各个国家和地区彩票机构的普遍共识与工作重点。作为国家公益彩票，中国体育彩票走过了 25 年的发展历程。自 1994 年统一发行以来，中国体育彩票累计筹集公益金超过 4500 亿元。这些公益金被广泛用于补充全国社会保障基金、全民健身、扶贫、农村医疗救助、教育助学、未成年人校外教育、残疾人事业、抗震救灾、红十字事业、文化、法律援助、农村贫困母亲"两癌"救助等社会公益事业，在服务民生、建设体育强国方面发挥着重要作用。

近年来彩票市场环境不断优化，但仍然存在擅自利用互联网销售彩票、大额投注等非理性购彩现象。面对这些问题，中国体育彩票提出"多人少买"的理性购彩理念，提升购彩服务体验，赢得公众信赖。尤其在保护购彩者方面，国家体彩中心制定并发布《体育彩票责任彩票公众手册（理性购彩篇）》，要求实体店在显著位置张贴"未成年人不得购买彩票及兑奖""快乐购彩 理性投注"等警示标语，加大对理性购彩的宣传和教育力度，坚决杜绝虚假宣传、过度营销、诱导宣传和夸大宣传，营造"多人少买、参与公益、理性购彩"的健康购彩环境。建立可疑资金报告制度和相关干预措施，要求代销者对大额购彩者进行风险提示和劝阻，开展非理性购彩干预机制。在维护代销者方面，通过规范代销证管理机制，调整代销合同范本，完善实体店巡检系统等方式，在确保实体店合规运营的同时，依法严查网络售彩。

资料来源：国家体育总局体育彩票管理中心官方网站，https：//www. lottery. gov. cn。

阅读与思考：

（1）将彩票社会责任与国际标准接轨的意义何在？

（2）通过世界彩票协会责任彩票三级认证，这对于中国体育彩票社会责任形象的传播和建设有何影响？

10.2　彩票品牌社会责任管理

10.2.1　基于卡罗尔模型的彩票品牌社会责任管理

阿奇·卡罗尔在经过多年学术研究以后，于1979年首先对企业社会责任进行了概括，他把企业社会责任看作一个结构成分，关系到企业与社会关系的四个不同层面：经济责任、法律责任、伦理责任以及自觉责任，且由低到高排序形成金字塔形状。1991 年对此进行更改，把自觉责任改为了慈善责任（philanthropic），形成了现今广为人知的企业社会责任金字塔模型（pyramid of corporate social responsibility）（Carroll，1991）。该模型将企业社会责任分为四个层次。第一层经济责任，即获取利润，以支持公司运作。第二层法律责任，即遵守法律，按照规则行事。第三层伦理责任，是一种自我约束的责任，即做正确、正义、公平的事情。第四层慈善责任，即自愿从事社会公益和慈善活动，做一个好的企业公民。

作为彩票机构或公司而言，同样可以应用该模型对彩票品牌的社会责任进行一个比较全面且系统的解读。

10.2.1.1 彩票经济责任

彩票社会责任中的经济责任包括满足消费需求、增加税收和促进就业。彩票作为一种商品，尽管有其特殊性，但也是刺激消费的手段之一。人们通过购买彩票，在法律允许的范围内满足了潜在的博彩心理，也满足了自己的娱乐需求。政府部门和彩票发行机构可以通过引导购彩者理性地购买彩票，启动消费需求，拉动经济增长。

政府税收对一个国家和地区的发展至关重要，彩票业在财政融资、筹集资金方面发挥了相当重要的作用。政府通过彩票业获得资金收益，一是按比例筹得公益金，二是按比例计得税收。通过对彩票收取所得税，国家增加了税收。

充分就业作为宏观调控的重要政策目标，对经济稳定和发展起着至关重要的作用。作为负责人的公益彩票，中国彩票的发行也为社会增加了大量的就业岗位，在"保就业"方面做出了自己的贡献。中国彩票对就业的促进作用主要体现在以下方面：一是彩票的销售环节可以创造就业机会；二是彩票的兑奖环节可以促进销售，间接创造就业机会；三是彩票公益金的使用可以创造就业机会。

10.2.1.2 彩票法律责任

彩票社会责任中的法律责任是指在彩票发行、销售过程中，必须遵守相关法律法规。在中国，必须遵照《彩票管理条例》及其他法律法规的要求，依法从事经营活动、环境保护、购彩者保护、资源合理利用等。在彩票发行过程中，应避免出现作弊行为，严格遵守《彩票管理条例》中关于彩票发行"公开透明"的规定。目前，国内有关彩票立法的呼声也比较高。

10.2.1.3 彩票伦理责任

政府和彩票发行机构可以通过多种方式履行伦理责任，如打击私彩、设计合理的彩票游戏规则、促进购彩者的知情选择、构建彩票预防救助体系等。

首先，政府部门和彩票发行机构应该严厉打击私彩。私彩的泛滥不仅对彩票业有影响，而且对社会稳定有影响，政府部门和彩票发行机构应出台一系列具体的制度打击私彩，维护社会稳定。

其次，彩票的游戏规则应该设计合理，在彩票项目（玩法）设计过程中应确保程序公平、做法公正。不合理的游戏规则不仅让人觉得不公平，还可能引起购彩者过度消费，甚至使购彩者成为问题彩民，从而对社会、家庭和个人造成危害。另外，发行机构应该研发新的游戏玩法，创新游戏规则，而且在发行前和发行后评估游戏对社会的影响，控制新游戏的风险。

再其次，彩票发行机构应该确保让购彩者做到知情选择。知情选择就是购彩者在没有外界压力，不受外界影响和诱惑以及在充分理解一些必要信息的前提下做出理性选择。政府和发行机构应将彩票的相关信息，如彩票的基本属性、游戏的结构性特征、中奖率、返奖率等准确传递给购彩者，使购彩者在正确信息、理念和态度的帮助下做出恰当的选择，提高他们理性购彩的能力。不要通过各种媒体渠道大肆宣传"一夜暴富"等神话，这会使购彩者不能理性思考彩票的中奖率，可能会使购彩者上瘾，甚至对社会产生危害。

最后，问题购彩者会带来一系列社会问题，比如通过挪用公款、偷盗买彩票，因为买彩票导致破产等，给彩票业带来负面影响。问题购彩者作为一个群体现象，应引起政府部门和彩票发行部门的高度重视，要加强对购彩者引导，投入财力建立预防、鉴别和治疗体系，从体制上对问题购彩者进行干预，维护良好的社会秩序。

10.2.2　基于管理过程的彩票社会责任管理框架

根据管理过程要素，彩票的社会责任管理框架由以下几个方面组成：责任研发、责任营销、渠道建设、安全运行和优质服务。

10.2.2.1　彩票研发过程的社会责任管理

在彩票的研发阶段，相关部门可以从以下几个方面进行社会责任的管理。

（1）不断开发新玩法，开发新产品，确保玩法多样化，增强彩票的娱乐性。作为百姓娱乐中重要的文化消费品和社会公益事业的最重要的组成部分，彩票拥有庞大的消费群，提供的产品和服务影响着几亿购彩者的消费权益。因此，为购彩者提供丰富安全的游戏产品，不仅关系着彩票的生存和发展，也关系着广大购彩者的切身利益，彩票机构应该通过坚持不懈的努力，为彩票消费者提供更为绿色、更为安全、更为环保的产品，将快乐、健康、安全、责任的理念注入游戏的机理、设奖和玩法设计等环节中，不断丰富和创新产品。同时，彩票发行机构应该始终坚持以市场需求为导向，结合消费者的购彩特性，坚持完善和优化游戏结构，创新游戏品种，不断增强游戏的趣味性和娱乐性，丰富彩票产品的文化特色，以满足广大购彩者的需求，让彩票消费者拥有更好的购彩体验。

（2）彩票玩法设计过程中确保程序公平、做法公正。我国《彩票发行销售管理办法》规定，发行销售彩票应当遵循公开、公平、公正和诚实信用、自愿购买的原则。不得采取摊派或者变相摊派等手段销售彩票，不得溢价或者折价销售彩票，不得以赊销或者信用方式销售彩票，不得向未成年人销售彩票和兑奖。

（3）新开发游戏的社会影响（风险）评估。彩票发行机构在新开发游戏发行之前，应该对其可能产生的社会影响进行评估，并且在发行后跟进。风险控制是游戏设计的重要环节，针对每一款新研发的游戏，彩票机构都应该制订科学的风险控制方案，通过机制、技术、管理和设计，进行有效的风险防控。

10.2.2.2 彩票营销过程的社会责任管理

在彩票的营销阶段，相关部门可以从以下几个方面进行社会责任的管理。

（1）拓宽营销渠道、创新营销理念。彩票发行机构应该积极拓宽彩票营销的渠道，创新营销理念。发行机构可以运用多种渠道，例如报纸、微信、APP 等，向民众推送和宣传彩票的玩法和促销活动，加强对营销活动的创新。

（2）游戏的规则简单，彩票定价清楚。彩票纸上的规则设定应简单、明晰，语言通俗易懂，不应该包含模糊或者引导性词汇。在彩票的定价上，彩票发行机构应该根据市场、彩民情况等信息，合理地确定彩票的销售价格，并且清晰地表现出来，杜绝部分投注站溢价或者折价销售彩票。

（3）提供真实有效信息，不误导购彩者。在彩票营销的过程中，彩票机构应该确保产品信息真实有效，例如向购彩者提供真实的彩票购买价格，玩法，开奖、兑奖等规则的信息，保证彩票的公开性和公正性。

（4）不向未成年人销售彩票。彩票机构应该严格遵守法律法规，不向未成年人销售彩票。彩票发行中心应该要求每个投注站都必须在醒目位置张贴"禁止未成年人购彩"等警示标语。彩票代销者在难以判断彩票购买者或者兑奖者是否为未成年人的情况下，可以要求彩票购买者或者兑奖者出示能够证明其年龄的有效身份证件。同时，彩票发行机构应该严格执行相关规定，通过对向未成年人销售彩票的站点处以罚款、销售人员培训时重点要求不能向未成年人销售彩票、销售站点远离学校等方式，尽量远离未成年人，同时也杜绝投注站人员向未成年人销售彩票的行为。

（5）评估和应对彩票游戏影响。彩票发行机构应该严格评估彩票发行过程中产生的经济、社会和环境影响，并针对这些影响采取有效的应对措施。

（6）不销售被禁止产品，彩票退市制度合理。彩票发行机构应该严格执行国家的相关规定，不销售法律法规禁止的产品。经批准的彩票品种或者彩票游戏在停止销售前，彩票发行机构、彩票销售机构应当向社会发布公告。公告内容包括财政部的批准文件名称及文号、停止销售日期、兑奖截止日期等。

（7）协助打击私彩。私彩是指私人坐庄，由个人或组织发行的，以诈取钱财为目的的非法彩票。一般是以公益彩票的开奖结果进行赌博，骗取高额利润。私彩不受法律保护，常因奖金引发纠纷，甚至诱发众多社会问题。彩票发行机构一方面应该宣传彩票的公益性质，揭露私彩的危害，另一方面，彩票发行机构应该积极配合执法部门，捣毁私彩销售窝点，打击取缔私彩。

10.2.2.3　彩票渠道建设的社会责任管理

在彩票渠道建设方面，社会责任管理的内容包括以下几个方面。

（1）销售渠道创新。彩票发行机构应该拓宽销售渠道，采用如便利店销售、短信销售、自助终端销售等方式，开辟新的销售阵地，推进与其他行业的合作。

（2）销售站点应该科学分布。应该合理、科学地设定销售站点，既防止过度竞争，又能够充分满足购彩者便利性和多样性购彩的需求。

（3）销售站点规范化。销售站点的设立应该规范化，包括环境与设施、人员管理、彩票销售管理、兑奖和结算管理等方面的规范化。彩票销售场所应当按照彩票发行机构的统一要求，设置彩票销售标识，张贴警示标语。销售站点的规范化不仅保证了彩票的公平、公正、公开，也提高了彩票渠道建设的透明度。

10.2.2.4　彩票安全运行过程的社会责任管理

在彩票的安全运行阶段，相关部门可以从以下几个方面进行社会责任的管理。

（1）规范彩票管理。彩票发行部门应该根据已经建立的彩票发行、销售、资金安全、风险控制、技术管理、资金管理、彩票开奖、兑奖等方面的制度和措施，规范彩票的管理。在技术管理方面，彩票发行机构应该加大对技术系统的投入，定期对技术设备进行检查、维护和更新，保证彩票安全运行的基础，不断提高信息化应用水平。同时，在资金管理方面，彩票发行机构应该规范财务行为，加强财务管理和监督，提高资金使用效益，保障彩票事业健康发展。在彩票的开奖和兑奖方面，彩票发行机构应该明确规定即开型彩票的配送服务、销售站点建设规范、资金管理等方面；为规范开奖操作流程，确保电脑型彩票开奖安全、顺利进行，应该对电脑型彩票的开奖工作人员管理、销售数据及开奖资料管理、摇奖演播厅管理、摇奖设备管理、电脑联销游戏开奖管理等方面有具体明确的规定。

（2）宣传福彩的公益性，引导民众健康购彩。彩票发行机构应该加强彩票公益性宣传，积极弘扬彩票的宗旨，传播公益慈善的理念，树立良好的形象。同时，彩票发行机构应该多宣传彩票的公益性和娱乐性，引导彩民健康购彩，创造可持续的发展。

（3）舆情处理。针对可能引发负面新闻或公共安全事件的舆情，彩票中心应该及时检测、分析、处理，营造健康的彩票销售氛围。针对负面事件，彩票发行机构应该及时了解情况，并做好与相关媒体记者的协调沟通工作，公告事件处理情况，维护彩票形象。

10.2.2.5　彩票优质服务的社会责任管理

彩票机构应该倡导以人为本、服务兴业，积极构建信息透明、环境优化的服务体系，以良好的精神风貌，为购彩者提供更加贴心的优质服务。在彩票的优质服务方面，相关部门可以从以下几个方面进行社会责任的管理。

（1）业务公开。彩票发行机构应该及时将彩票发行、销售情况向社会全面公布，接受上级部门与社会公众的监督。例如，定期向社会公开公益金的数额、流向，定期向社会公告彩票游戏的开奖方式、开奖时间、开奖地点。业务公开不仅有助于营造良好的销售氛围，也有利于提高彩票的社会公信力。针对涉及发行机构或销售机构的重大事项、重要活动、社会关注的热点问题、重大突发事件等与公众利益直接相关的问题，彩票机构应该安排专门的人员接受公众公开咨询、质询和问责。

（2）对市场管理员进行培训。彩票机构应该对市场管理员进行工作业务的培训。市场管理人员是联通彩票机构和民众的关键纽带，彩票机构应该重视销售站点业务培训，培训内容应该涵盖法律、制度、政策、业务流程、游戏、彩票须知、设备操作、营销技巧、纠纷处理方法、突发事项应对等，不断提高彩票管理人员的专业管理能力。

（3）开展行风建设。针对影响彩票系统改革发展的问题及基层一线反映强烈的突出问题，彩票机构应该制定和完善相关制度，以实际行动开展行风建设。例如通过不定期召开专题学习会，加强行风教育学习，提高思想认识；每年开展纪律教育学习月活动，强化廉政教育，把牢思想开关，筑牢反腐防线；召开专题民主生活会，以加强行风建设为主题，积极开展自查自纠，持续深入改进作风。通过开展行风建设，不仅能够完善内部监控，强化廉政教育，筑牢反腐防线，对于营造良好的彩票社会形象，也是很有益处的。

（4）建立与购彩者的沟通渠道。作为消费者投身公益、奉献爱心的平台，彩票销售应该坚持规范、公开、透明的原则，保障彩票发行的公正和公信。同时，应该建设与购彩者的信息双向传播渠道，拓展彩票业务信息公开的平台，同时建立彩民向机构传递信息的渠道，了解彩民需求，让彩民更加深入、真切地了解彩票。另外，彩票机构应该积极应对购彩者的投诉。当出现购彩者质疑彩票发行和销售的安全、公平等问题时，彩票机构应该有正式的渠道供其反映问题，并有人员针对其提出的问题进行调查、处理、回复。

（5）购彩者教育，问题彩民防治。彩票机构应该主动向购彩者普及理性购彩理念和相关彩票知识，引导彩民理性购彩。对于彩票而言，最重要的是彩票的公益性和娱乐性，因此彩票机构有责任帮助社会公众树立理性购彩的理念，呼吁购彩者要有健康的购彩心态，并对过度投入的购彩者进行劝导。同时，彩票机构有责任对防控非理性购彩行为进行专题研究，制订相应的防范和化解方案。投注站工作人员有责任及时提醒或阻止有非理性购彩倾向的购彩者继续投注。当问题彩民出现时，彩票机构有责任对其进行心理辅导，切实维护彩票市场的良好秩序。

10.2.3 基于管理要素的彩票社会责任管理框架

根据分类的不同，构成彩票社会责任管理的要素不尽相同。根据管理要素，彩票的社会责任管理框架由以下几个部分组成：对社会的责任管理，对彩民的责任管理，对员工的责任管理。

10.2.3.1　对社会的责任

彩票作为一种特殊的经济手段和一种文化现象，是中国慈善事业的重要组成部分。彩票具有丰富的经济功能和社会功能。对于社会而言，它不仅能刺激消费，有效拉动经济增长，还已经成为国家回笼资金、有效进行第三次分配的重要手段，是国家增加税收、促进就业、实行社会公益的重要渠道，带动了相关产业的发展，维持了社会经济稳定。彩票还可以满足人们文化娱乐的需求，改善人们文化娱乐方式、引导人们热心公益事业，大力支持了公益事业的发展、有效地遏制了地下私彩赌博、促进了社会公平、维持了社会秩序的稳定。

（1）刺激消费。中国彩票是扩大国内消费需求，形成投资和消费对经济增长的双重拉动的力量之一。第一，它是一种慈善消费，人们的乐善好施在彩票购买中得到了满足；第二，它是一种幸运消费，彩票的游戏规则就是用很小的代价去获取一个非常小的幸运机会；第三，它是一种娱乐消费，人们可以从中得到乐趣。中国彩票"取之于民、用之于民"，又迎合了人们的博彩心理，得到了群众的认可，同时，发行彩票不会对国家的金融市场造成冲击，因此，在现有的经济条件下，通过积极的引导，彩票已经同其他文化、娱乐和旅游消费一起，成为居民消费的新热点，启动消费需求，拉动经济增长。

（2）增加税收。政府税收对一个国家和地区发展的影响至关重要，政府财力保障是服务社会的根本保证。彩票业在财政融资、筹集资金方面发挥了相当重要的作用。政府通过彩票业获得的资金收益，其一是按比例筹得的公益金；其二就是按比例计得的税收。目前我国还没有专门针对彩票的税收政策，而是将彩票作为一般的商品来对待，征收所得税等。

（3）充分就业。充分就业作为国家实现宏观调控的重要政策目标，对经济稳定和发展起着至关重要的作用。作为负责任的国家公益彩票，中国彩票的发行不仅为国家筹集了大量的体彩公益金，增加了政府的税收，也为社会增加了大量的就业岗位，在"保就业"方面做出了自己的努力和贡献。中国彩票对促进就业的作用主要体现在以下几方面：一是彩票的销售环节可以创造就业机会；二是兑奖环节可以促进销售，间接创造就业机会；三是对彩票公益金的使用可以创造就业机会。

（4）筹措公益金。从全世界范围内看，彩票发行的首要目的就是解决各国政府用于社会福利、人民教育、公共设施等公益事业资金严重不足的问题。中国彩票公益金的广泛使用使其在从事社会公益事业中实现了经济功能，进而承担了大量的社会责任。中国彩票通过规范的运作和公益金的广泛使用，承担了大量的社会责任。因此，科学、合理、高效地运用彩票公益金，是建设文明社会、和谐社会的时代需要。

10.2.3.2　对彩民的责任

彩票的理念应该是"以人为本"，因此，彩票需要在多个方面对彩民负责任。

（1）合理、公平和公正。彩票的游戏规则应该合理设计，在彩票项目（玩法）设计过程中应确保程序公平、做法公正。不合理的游戏规则不仅会让人觉得不公平，更有可能会引起彩民的过度消费，甚至使彩民演变成问题彩民，从而对社会、家庭和个人造成危害。

（2）应使彩民做到"知情选择"。知情选择就是指彩民在没有外界压力、影响和引诱的背景下，在充分理解一些必要信息的基础上做出的理性选择。即政府和发行机构要将彩票的相关信息如彩票的基本属性、游戏的结构性特征、中奖概率、返奖率等准确传递给彩民，使彩民在正确信息、理念和态度的帮助下做出恰当的选择，提高他们理性购彩的能力。而不是通过各种媒介渠道大肆宣传"一夜暴富"等，树立财富神话，这使彩民不能理性思考彩票的中奖率，可能会导致彩民"购彩上瘾"。

（3）重视问题彩民的防治。问题彩民会带来一系列的社会问题，比如通过挪用公款、偷盗买彩票，因为买彩票导致破产等，给彩票业带来负面影响。"问题彩民"作为一个普遍的群体现象，应引起政府部门和彩票发行机构的重视，并加强对彩民的引导，投入财力建立预防、鉴别和治疗的一整套体系，从制度上确保彩民理性投注。

10.2.3.3　对员工的责任

彩票机构应该珍视员工价值，坚持以人为本，关爱员工，发展员工，成就员工与彩票事业的共赢。

（1）平等雇佣。彩票机构应该始终坚持公平对待每一个员工，给每一个员工平等的发展机会和平台。

（2）权益保护。彩票机构应该严格遵守相关制度，尊重员工合法权益，保护员工个人信息和隐私。

（3）员工成长。彩票机构应该注重员工的成长与发展，按职业性质建立员工职业发展通道，每年投入大量的资源开展各种类型的培训，加强员工政治修养，培养员工正确的工作——生活理念，关注员工心理健康，提高员工的专业素养与通用能力。

＊延伸阅读10－2＊ 中国福利彩票机构的责任彩票原则

中国福利彩票机构的责任彩票原则包括六个方面。

（1）不单纯追求销量，使中国福利彩票的发展符合经济和社会发展水平。

（2）强化责任彩票研究，尤其是研发负责任游戏以及非理性购彩者识别、防范和治疗等方面的研究。

（3）研发负责任的彩票游戏，不发行销售博弈性强、成瘾性强的彩票游戏；运用各种工具对游戏的金额、频率、时间进行控制，从游戏机理和技术上防范非理性购彩；对游戏风险进行告知和提醒。

（4）积极回应利益相关方的关切，对游戏、开奖、资金等信息进行公开，接受公众、媒体监督。

（5）利用各种渠道、方式、内容宣传福利彩票的公益性、公平公正性，提升形象；不以中大奖为宣传点，不进行虚假和失实宣传，不进行诱导性、刺激性宣传；禁止鼓动投机，禁止隐含对同业者的排他性、诋毁性内容；必须对购彩者进行引导、帮助和保护。

（6）对零售商进行约束和教育，提升服务水平；提供负责任的购彩服务，培训零售商技能，以便科学指导购彩者，包括不向未成年人销售彩票或兑奖、不在中小学周围一定范围内开设零售站点、不以赊销等形式造成非理性购彩等；要确保零售商在零售场所醒目位置张贴不向未成年人售彩和兑奖、倡导理性购彩的标语、警示语。

资料来源：中国福利彩票官方网站，http：//www.cwl.gov.cn。

10.3　倡导理性购彩

尽管难以完全杜绝非理性购彩，就如同只要有烟草市场存在，就不能彻底禁止吸烟一样，但是减少非理性购彩，倡导理性购彩，却是各国彩票管理者的重要责任。

10.3.1　非理性购彩产生的原因

非理性购彩的存在有其必然性。彩票天生具有公益性，但那是对社会公益的客观贡献而言的。但对于彩民个体，彩票则天生具有引发其赌博欲望的可能，这是由彩票这种产品具有以小博大的性质所决定的，尽管这种概率非常低，但巨额的奖池和奖金还是很容易激发彩民的购彩欲望，甚至这种购彩欲望的内因会在外在诱因的作用下被不理性地放大。当前社会普遍关注的"问题彩民"现象主要源于非理性购彩，即对购买彩票上瘾、对中奖结果过于纠结、超出个人能力购彩等，严重时其行为甚至可能影响本人及其家庭的生活和工作。因此，淡化彩票的"博彩"性，倡导理性购彩和彩票的公益性是当前彩票业需对彩民和全社会履行的重要社会责任。

10.3.2　防控非理性购彩的措施

10.3.2.1　从技术上进行限制，防止过量投注

2013 年，财政部在《彩票发行销售管理办法》中对多项彩票销售方式做出了新的规定，例如单张投注数不得超过 10000 注；设置多倍投注的，每注彩票的投注倍数不得超过 100 倍。又如视频型彩票单次投注总金额不得超过 10 元，专用投注卡单日充值金额实行额度控制，销售厅经营时间实行时段控制等。

2019 年，为促进彩票事业持续健康发展，尤其是为了减少非理性购彩现

象，我国又特别出台措施，针对福利彩票快开游戏和体育彩票高频游戏、体育彩票全国联网单场竞猜游戏加强市场监管。具体而言，第一，拉长每期高频快开游戏时间。自 2019 年 2 月 11 日起，高频快开游戏每期销售时间短于 20 分钟的，一律调整为 20 分钟。同时，取消提取 1% 的调节基金，相应提高 1 个百分点的彩票公益金提取比例。2019 年 2 月 11 日前已提取和转入的调节基金结余，不再用于派奖，可继续用于游戏规则规定的其他用途。另外，禁止在实体店外对高频快开游戏开展任何形式的宣传。高频快开游戏开奖结果仅限于在实体店公布。实体店内不得展示具有统计、分析、预测等内容的信息，提供历史开奖数据的期次不得超过 20 期。高频快开游戏画面中不得包含骰子、赛马等信息元素，含有上述信息元素的，彩票销售机构应当于 2019 年 2 月 11 日前予以删除。

10.3.2.2　对单场竞猜游戏开售数量进行严格限制

调整单场竞猜游戏返奖奖金比例。自 2019 年 2 月 11 日起，将单场竞猜游戏返奖奖金比例由 73% 调整为 71%，即取消提取 1% 的调节基金并下调单场竞猜游戏当期返奖奖金比例 1 个百分点，相应地将彩票公益金提取比例由 18% 提高至 20%。实体店代销费用提取比例不得高于 7%。同时，严格控制竞猜开售比赛数量。自 2019 年起，单场竞猜游戏全年竞猜开售比赛的场次和赛事数量不得高于 2018 年开售比赛场次和赛事数量的 70%，切实引导和促进竞猜游戏市场理性健康发展[①]。

另外，高频快开游戏和单场竞猜游戏在投注倍数范围、销售终端数量以及单台销售终端额度上，都有了严格限制。同时，彩票销售机构也不得开展任何形式的派奖和促销活动，以此确保彩票市场平稳健康发展。

10.3.3　通过合适的彩票品牌战略引导理性购彩

首先，在品牌定位上，不能过于强调中奖。买彩票有可能获得大奖是常

---

① 资料来源：国家体育总局体育彩票管理中心官方网站，https：//www.lottery.gov.cn。

识，不强调也不会因此损失太多的影响力。但彩票品牌定位如果能够强调彩票带给人们的其他的积极体验或者对社会的积极作用，则能够更好地树立负责任的彩票形象，吸引更多的潜在彩民购买。比如，西班牙"大胖子"圣诞彩票就将其品牌定位为"分享、快乐"，并通过有创意的沟通成功地进行传播，促进了彩民和社会公众对该彩票品牌的积极认知和情感，使购买"大胖子"彩票成为西班牙人圣诞节的例牌节目。

同时，在营销战略上，要强调"多人少买"的购彩理念，鼓励更多的人长期少量购彩，促进健康购彩。

2018 年圣诞节期间，美国及全球范围内的诸多彩票机构共同参与"假日彩票机构负责任游戏运动"。如伊利诺伊州彩票机构参与了这一由美国境内与全球范围内的诸多彩票机构合作举行的"假日彩票机构负责任游戏运动"。这一活动旨在帮助提高公众对未成年人在假日期间购买彩票风险的认知。该活动旨在鼓励彩票购买者"负责任地赠送礼物"，并在纵贯整个假期和以后的日子里将参与彩票的行为限定在年满 18 岁的人之中。通过多平台社交媒体传递相关信息，以提升对该活动核心问题的认识。

10.3.4 加强问题彩民的研究和心理防控工作

倡导理性购彩，就意味着要面对一类特别的彩民群体，即问题彩民，或者说，是具有非理性购彩心理和行为的彩民。如前所述，彩票本身具有的博彩的性质决定了其负面影响的存在，即可能激发彩民内在的赌博动机，并导致持续不可控的非理性购彩行为。

10.3.4.1 问题彩民的界定

根据博彩者理智程度可将博彩行为分为正常博彩、问题博彩和病态博彩。李海等（2011）将问题博彩界定为"一种对彩民本人或其社会关系以及社会产生不利结果的购彩行为"。叶林娟、王树明、白彩梅和李丽娜（2009）将病态博彩界定为"是在博彩中以赌博为主要目的、持续成瘾且具有复发性或不可控制性，而且为了能够继续博彩而采取不理性的手段的个体行为"。"问题博彩"和"病态博彩"的共性在于这两种行为都会产生不良后果，两者之间的区别仅在于影响程度的大小。总体上说，"问题博彩"和"病态博彩"都可以称作是"问题博彩"。本书将问题彩民界定为"彩民的一种非理性的购彩心理和行为"，表现为持续上瘾的购彩，难以自控。

10.3.4.2　问题彩民的购彩行为特征

问题彩民的购彩行为特征主要涉及购买彩票的金额、次数、时间、投注方式与选号方式等。已有研究表明问题彩民的月购彩金额占收入比例超过10%的占绝大多数；周购彩频次也较高；购彩时间花费在 1 小时以上的占60%；购彩玩法最多的就是数字型彩票（李海等，2011）；投注方式以在彩票代售店购买彩票为主；选号方式以自选号为主，且更多是选择复式或倍数投注（王艳耘，2006；李仁军，2008）。问题彩民在购彩行为上的突出特点是购彩金额"超载"、购彩频率较高、购彩花费时间较长、投注以开奖频率快和头等奖金金额高的玩法为主，一些问题彩民沉溺于研究彩票的号码走势以及规律，甚至在平时工作和学习时间也会想着彩票和中奖号码，这些行为严重影响彩民的正常学习与生活。

10.3.4.3　问题彩民的购彩动机

问题彩民购彩动机中主要依次为"希望中大奖"、娱乐以及碰运气，而将购买彩票看作是为公益事业做贡献的所占比例最少（王艳耘，2006；李仁军等，2008）。事实上，问题彩民的购彩动机可能包括赢得奖金、娱乐、寻求刺激、逃避现实、放松、与社会接触以及消除寂寞等。总之，国内外研究均表明问题彩民参与购彩的直接动力大多是获取高额奖金。因此，彩票的经济效用（彩民对彩票消费的经济回报的度量）可能是影响问题彩民是否"购彩"的重要因素。

10.3.4.4　影响问题彩民购彩意向的因素

（1）人格特征。已有研究显示，问题彩民的人格特征与正常彩民相比存在一定的差异，往往具有某些特殊的人格倾向。李仁军（2008）发现问题彩民的性格外向且不稳定，一般精神质得分比较高。巴格比等人（Bagby et al.，2007）的研究也表明问题彩民在精神质、外向性、责任感三个维度上与正常彩民存在差异。问题彩民可能具有某些特殊的人格倾向，主要表现为性格外向、自私、容易冲动发怒、不在乎别人评价等。特别是个体的冲动性使得问题彩民无法控制自己的购彩行为，更容易受非理性信念的影响。

（2）购彩认知。王树明和叶林娟（2011）的研究结果表明认知偏差对彩民的购彩行为有显著影响，且高认知偏差彩民会表现出更显著的购彩行为。曾中禄等学者（2009）研究发现问题彩民对于中奖的随机性认识不足，过度相信自己的选择行为，不能正确认识彩票的博弈性质。

（3）外部信息作用。李刚（2011）的研究发现各种传播手段和渠道进行大量专业、系统和精确的不良传播进而强化了彩民的不健康心理。不可否认在决定问题彩民是否购彩的因素中，彩票广告宣传有重要影响。

（4）风险偏好。是指问题彩民在彩票消费中愿意承担风险的倾向。王升（2008）的研究表明大部分彩民都是属于风险嗜好型彩民，主要是为了寻求挑战性和刺激性所带来的体验和满足。上述研究结果较为符合常理，对于对待购彩的态度，不同的彩民存在着明显的个体差异，风险偏好高的问题彩民由于规避风险意识较弱，更加倾向于冒险。

（5）寻找特定感觉。有些人喜欢追求变化、新奇、复杂与强烈的感觉和体验，并甘愿冒身体、社会、法律和经济上的风险去寻求这种体验。问题彩民的行为特征与成瘾行为、赌博行为等有类似之处，也可能是追求冒险、刺激的快感，当然这还需要实证研究的支持。

10.3.4.5　问题彩民的防控

问题彩民的防控是个系统工程。从彩票机构的营销导向和彩票品牌的定位、玩法设计和游戏规则、宣传引导，到日常培训甚至特殊辅导和诊治，需要利益相关各方从各个不同的角度，进行综合系统的防治。日常工作中要注重从基层投注站入手，加强心理疏导和防控。例如，2012 年浙江、天津等地邀请心理专家对福利彩票从业者进行心理业务培训，使之更好地了解购彩者的心理特征、心理误区和深层次需求，掌握心理引导办法，以更好地为购彩者服务。

10.3.4.6 防范"中奖后问题彩民"

一些彩民日常购彩中能够保持平常心，但一旦中大奖，突然面临巨额财富，导致自己内心和社会关系都可能遭受巨大的冲击，这时极有可能成为"中奖后问题彩民"。

＊延伸阅读10－3＊ 中国体育彩票《责任彩票公众手册（理性购彩篇)》的发布

2018年，《责任彩票公众手册（理性购彩篇)》出现在全国各地的体彩销售网点。这本手册中体现的，既是围绕责任建设的"体彩方案"，也是彰显责任建设的一种"体彩态度"。

体彩社会责任公众手册（理性购彩篇)是中国体彩系列宣传内容的第一篇，主要以购彩者为中心，用简单、通俗、易于理解的语言进行编制，通过"彩票是娱乐方式，而非赚钱工具""您是否沉迷彩票而不自知""未成年人不可购彩和兑奖""赊购信用购彩不可取""您是否沉迷彩票而不自知""未成年人不可购彩和兑奖""赊购、信用采购不可取""您是否了解非法彩票的危害""绿色购彩、乐趣无穷"等内容，向社会公众宣传体彩责任彩票理念、引导理性购彩行为、防范购彩沉迷的发生。

在官网上，突出强调理性购彩的提示，包括：

（1）购彩有节制，请理性投注；

（2）彩票只是娱乐，而非赚钱的途径；

（3）保持购彩乐趣，切勿沉迷；

（4）负责任地参与投注，才能开心生活；

（5）小额投注，也能愉快地享受赛事；

（6）了解游戏规则和中奖概率，客观看待中奖与否；

（7）"量力而行""理性购彩""多人少买"；

（8）不要让借贷成为您的购彩资金来源；

（9）警惕沉迷或过度购彩。

关于有节制购彩，则具体涉及三个方面的内容。

（1）彩票是娱乐方式，而非赚钱工具。

体育彩票品种丰富，游戏玩法众多。无论是超级大乐透的拼运气、顶呱刮的即时得、还是竞彩的猜赛事，乐趣都各成一派。不同类型的彩票在规则属性、中奖概率、奖金奖项、开奖周期和开奖时间上也是多有差异，您可结合自身的喜好参与其中。但是归根结底，彩票本质上还是一种机会游戏，如果指望靠它发家致富，走上人生巅峰实不可取。

（2）您是否了解非法彩票的危害？

——非法彩票（地下私彩等）运营过程不受监督、中奖奖金难以兑现；

——易导致非理性投注，给您个人和家庭带来沉重的负担；

——往往涉及洗黑钱、欺诈等多种犯罪活动。相比之下，中国体育彩票获国务院特许发行，公正、公平、公开，兑奖受国家法律和条例的严格保障，我们强烈建议您通过合法渠道购买合法的彩票，这样您的权益才能得到有效保障。

（3）赊购、信用购彩不可取。

作为保护您权益的一部分，《彩票管理条例》规定，彩票发行机构、彩票销售机构、彩票代销者不得以赊购或是信用方式向您销售彩票。若有实体店违反上述规定，您可以向当地彩票销售管理部门投诉、举报。

同时，还提供了彩民自我评估工具，给出了具体测项。

您是否沉迷彩票而不自知？

——花费过多时间和金钱购彩，超出您的预算或是能力范围，甚至挪用其他生活开支；

——向家人或是朋友隐瞒大额购彩支出；

——长时间不中奖，强烈渴望"翻本"；

——为了买彩票经常和朋友家人发生争吵；

——为了买彩票忽略家庭和工作；

——为了买彩票而债台高筑。

购买彩票应该保持健康的心态，如果有了上述行为，说明您可能已经沉迷于彩票了，这时需要适可而止或者寻求帮助。

资料来源：国家体育总局体育彩票管理中心官方网站，https：//www.lottery.gov.cn。

10.4　彩票品牌社会责任沟通

10.4.1　彩票品牌社会责任沟通的概念

彩票品牌社会责任沟通，是指彩票品牌就其社会责任履行的宗旨、内容、效果等与彩民、公众和各方利益相关者进行沟通，以促进各方对彩票品牌社会责任的认知，树立清晰良好的彩票社会责任形象，提升各方对彩票品牌社会责任的认同。

10.4.2　彩票品牌社会责任沟通的分类

（1）按照彩票社会责任沟通的形式分，有广告、社会责任报告、公关活动等。

（2）按照利益相关方分，有面向彩民的沟通、面向社会公众的沟通、面向投注站等销售网点的沟通、面向政府的沟通等。

（3）按照沟通的媒体分，可以利用传统媒体，如广播、报纸、电视等进行沟通；也可以利用微信、微博、网站等新媒体进行沟通。

（4）按照沟通的内容分，可以有社会责任宗旨沟通、公益金使用沟通、具体社会责任活动沟通等。

（5）按照沟通所采取的策略分，可以有代言人沟通、故事式沟通、平铺直叙式沟通等。

（6）按照沟通的主体分，可以分为彩票机构的社会责任沟通、彩票游戏品牌的社会责任沟通等。

10.4.3　彩票品牌社会责任沟通的策略建议

（1）每次沟通聚焦于一个主题。尽管彩票机构或品牌可能在社会责任方面做了很多工作，但每次沟通时最好聚焦于某一个特定主题，这样有利于更加清晰有效地传播，并有可能深入人心。不仅对于广告片的制作如此，即使是彩票机构每一年度发布的社会责任报告，也应该聚焦和突出某一个主题。

（2）研究目标群体的心理和行为特征，并用适合的方式与之进行沟通。比如，在与今天的年轻彩民和潜在彩民进行沟通时，传统的唱高调或者单调说教的方式就很难打动他们。这时要多从创意上做文章，针对其心理和偏好来制定有效的沟通策略。比如，启用有影响力的代言人或者采取年轻人更喜闻乐见的叙事方式。

（3）通过整合沟通来统一不同阶段或不同情境下的沟通策略。比如，西班牙近些年来，每年都会在圣诞节推出"大胖子"圣诞彩票宣传片，每次故事都不同，但每次都符合一致的沟通主题，即"欢乐、分享"，这是对不同时期的广告沟通的整合。今天的彩票机构还需要运用传统媒体与新媒体，整合线上与线下的活动，进行一致性沟通。

案例10－1　筹公益金　助力民生"责任体彩"建设再谱新篇章

中国体育彩票全国统一发行26年来，筹集彩票公益金超过5263亿元，全面助力民生事业，不断谱写"责任体彩"建设的新篇章。

抗"疫"之战展现责任担当

2020年1月下旬，面对来势汹汹的新冠肺炎疫情，全国体彩人携手参"战"，或捐款捐物，或担任志愿者，为疫情防控贡献力量。待体彩复市后，体彩人一手抓防控，一手抓销售，为购彩者提供安全的购彩环境，继续为筹集彩票公益金贡献力量。

疫情发生后，国家体彩中心两次延长休市时间，有效减少人员聚集，并发布两封倡议书，号召全国体彩从业者严格执行地方政府的相关规定，做好疫情防控工作；号召党员干部发挥带头作用，全力以赴打赢防控阻击战。

疫情期间，大批体彩从业者主动请缨，担任志愿者，为社区居民守好大门，为医护人员减轻负担。湖北体彩专管员谭树兵来到医院发热门诊，从事志愿服务；山东体彩代销者韩业亮给乡亲们送去价值1.7万元的口罩、酒精、消毒液等；浙江体彩代销者孙兴丽承担隔离人员转运工作，每天工作17个小时……

随着 5 月 6 日北京体彩复市，全国 31 个省（区、市）体彩均已复市。各地体彩中心通过设立救助基金、发放实体店补贴、提高代销费比例等多种形式，帮助代销者渡过难关，积极稳妥地推进中国体育彩票的复工复产工作。

加强"责任彩票"体系建设

从 2017 年开始，中国体育彩票明确了"建设负责任、可信赖、健康持续发展的国家公益彩票"的发展目标，制定了《中国体育彩票责任彩票工作三年实施纲要（2018－2020）》，大力加强责任彩票体系建设。同年，中国体育彩票还制定并发布了《体育彩票责任彩票公众手册（理性购彩篇）》，要求实体店在显著位置张贴"未成年人不得购买彩票及兑奖""快乐购彩理性投注"等警示语，加大理性购彩的宣传和教育力度，并建立可疑资金报告制度和相关干预措施，对大额购彩者进行风险提示和劝阻，设立非理性购彩干预机制。

自 2018 年起，国家体彩中心连续发布《中国体育彩票社会责任报告 2017》和《中国体育彩票社会责任报告 2018》，以图文并茂的方式介绍了体育彩票发行销售、游戏设计、渠道建设、开奖兑奖、公益贡献等内容。与此同时，全国 31 个省级体育彩票发行销售机构也相继发布了本区域的社会责任报告，彰显了体育彩票的社会担当。

2018 年 12 月，中国体育彩票正式通过世界彩票协会责任彩票三级认证。这是对中国体育彩票践行责任理念、坚持合规运营的肯定，也是表现出中国体育彩票在承担社会责任方面得到世界认可。

彩票公益金助力民生事业

截至 2020 年 5 月 21 日，中国体育彩票全国统一发行 26 年来，累计筹集的体彩公益金超过 5263 亿元，全面助力民生事业，为大众生活添彩。

社会保障基金是国家社会保障储备基金专门用于人口老龄化高峰时期的养老保险等社会保障支出的补充、调剂。自 2002 年开始，国家规定使用一定数量彩票公益金用于补充社会保障基金。2006 年发布的《财政部关于调整彩票公益金分配政策的通知》中明确规定，中央集中的彩票公益金 60% 用于社会保障基金。截至 2018 年年底，累计 3010 亿元彩票公益金用于补充全国社会保障基金，占中央财政净拨入额的 32.89%。

扶贫，是当前中央专项彩票公益金使用的一个重要领域。近年来，配合国家扶贫攻坚的战略部署，财政部门每年都投入大量彩票公益金用于扶贫事业。2018 年，中央专项彩票公益金为扶贫事业支出 20 亿元，比 2017 年多投入 2 亿元。2018 年 7 月，国务院扶贫办、国家体育总局联合印发《体育扶贫工程实施意见》，提出"实施体彩扶贫行动，加快推进体彩公益金支持扶贫健康工程的步伐"。体彩扶贫被赋予了新的价值和意义。

教育方面，从 2007 年起，中国教育发展基金会开始接受财政部、教育部的委托，开展中央专项彩票公益金在教育领域的公益项目。自 2011 年至今，中央专项彩票公益金教育助学项目通过"滋蕙计划""励耕计划""润雨计划"等，用于奖励普通高中品学兼优的困难学生，资助家庭特别困难的教师，救助遭遇突发灾害的学校。2009 ~ 2018 年，中央专项彩票公益金为未成年人校外教育投入 204 亿元，为教育助学和大学生创新创业项目投入 83 亿元，为乡村学校少年宫建设投入 21 亿元。

彩票公益金用于医疗方面的支出逐年增加。2018 年，中央专项彩票公益金为医疗救助投入 18 亿元，主要用于资助困难群众参加城乡居民医疗保障，并对其难以负担的基本医疗自付费部分予以补助；为农村贫困母亲"两癌"救助投入 3.06 亿元，比 2017 年增加 600 万元；为出生缺陷干预救助投入 1.5 亿元。

以体彩公益金为重要组成部分的中央彩票公益金广泛用于补充全国社会保障基金、教育助学、文化事业、扶贫、红十字事业、法律援助等项目，不断为大众生活添彩。

积极响应"健康中国"发展战略

自 1994 年全国统一发行以来，体彩公益金、彩票公益金一直是全民健身计划和奥运争光计划的重要资金来源，不断为"健康中国"战略的实施提供资金支持。

仅在 2011 ~ 2018 年，国家体育总局累计使用本级彩票公益金 156 亿元，用于援建全民健身场地设施、捐赠体育健身器材、资助群众体育组织建设和全民健身活动等。

新冠肺炎疫情发生后，各地利用体彩公益金发放消费券，鼓励市民参与体育活动。今年江苏将有2.35亿元体彩公益金用于提振体育消费市场，湖北将有1.5亿元体彩公益金用于"健康湖北"项目。广州"群体通"推出"运动抗疫·健康广州"活动，向市民派发体育消费券，资金来源是体彩公益金。

在"健康中国"战略中，残疾人体育也得到了应有的重视。中国残疾人联合会5月15日发布的《2018年中央专项彩票公益金项目执行情况专项审计报告》显示，中残联2018年度彩票公益金项目实际支出2.10亿元，其中残疾人体育项目支出1.72亿元，占总支出的近82%。

2020年是全面建成小康社会和"十三五"规划的收官之年，中国体育彩票将继续以建设负责任、可信赖、健康持续发展的国家公益彩票为发展目标，合法合规销售体育彩票、筹集公益金，为人民生活添彩，为"健康中国"助力。

资料来源：国家体育总局体育彩票管理中心官方网站，https://www.lottery.gov.cn。

案例思考：

（1）这是在疫情发生后、十三届全国人大三次会议期间，在中国体彩中心官网所作的关于体彩社会责任的沟通。请说明定期或在关键时点进行彩票社会责任沟通的意义？

（2）案例资料从哪个方面出发进行体彩社会责任的沟通？

（3）如果你来进行体彩社会责任沟通文案的设计，你会有哪些不一样的想法？

参考文献

［1］Archie B. Carroll, The Pyramid of Corporate Social Responsibility: toward the Moral Management of Organizational Stakeholders ［J］. Business Horizons, 1991, 34 (4): 39-48.

［2］Bagby R M, Vachon D D, Bulmash E L, et al. Pathological gambling and the five-factor model of personality ［J］. Personality & Individual Differences, 2007, 43 (4): 873-880.

［3］Carroll A B. The pyramid of corporate social responsibility: Toward the moral management of organizational stakeholders ［J］. Business Horizons，1991，34（4）：39 – 48.

［4］李海，吴殷，李安民，等 . 我国体育彩票问题彩民现状调查——以上海、广州、郑州、沈阳、成都为例［J］. 成都体育学院学报，2011，37（5）：9 – 13.

［5］李刚 . 传播学视角下中国彩票购买者心理不健康成因及对策的研究［J］. 体育科学，2011（2）：28 – 37.

［6］李仁军，刘炳伦，边延艳 . 病理性赌博的研究进展［J］. 精神医学杂志，2008，21（4）：314 – 316.

［7］王艳耘 . 体育彩票消费中病态赌博问题研究［D］. 大连：大连理工大学，2006.

［8］王树明，叶林娟 . 体育彩票消费过程中消费者认知偏差的定量研究［J］. 上海体育学院学报，2011，35（2）：20 – 24.

［9］王升 . 试析影响中国体育彩票市场消费者的行为因素［J］. 体育科技文献通报，2008，16（12）：98 – 100.

［10］叶林娟，王树明，白彩梅，等 . 体育彩票消费中病态博彩研究的理论综述［J］. 首都体育学院学报，2009，21（4）：436 – 439 + 470.

［11］曾忠禄，翟群，游旭群 . 国内彩票购买者的有限理性行为研究［J］. 心理科学，2009（5）：226 – 229.